システム
プログラミング
入門 実行しながら理解する
Linux OSのしくみ

篠山 学 著
Manabu Sasayama

森北出版株式会社

▶ まえがき

　C言語などプログラムは OS 上で動作しています．OS（Operating System）とは，PC を動かすプログラムのことです．PC を工場の機械とすると，OS は工場の機械を動かすオペレータといえます．通常，プログラムは OS の力を借りることなく実行できます．でも，OS の力を借りることもできます．OS の力を借りれば，ループを並列に実行させたり，ループ中に別の処理を割り込ませたりすることができます．このような OS の力を借りたプログラミングをシステムプログラミングとよびます．システムプログラミングを理解するには，C言語の理解と OS のしくみの理解が必要です．OS には Linux や Windows などがありますが，本書では Linux を用います．本書で学習すれば C 言語の理解が深まり，Linux の基本的なしくみやコマンドを理解できます．

　OS としては Windows のほうが一般的ですが，Linux を学ぶ必要はあるでしょうか？　この問いに対する回答は，英語を学ぶ必要がありますか？という問いに対する回答と同質のものです．Windows だけでも大丈夫ですが，Linux を扱えるようになっておくと世界が広がります．とくに，本書を手にとってくださっている方は情報系と思われるので，Linux は役に立つはずです．Linux は，マウスで操作する代わりにキーボードからコマンドを打ち込むだけで操作することができ，とても楽で早いです．コマンドも無数にあるので，こんな便利なコマンドがあったのかと何度も驚くと思います．コマンドの組み合わせも思いのままです．さらに，言語処理や数値解析，画像処理など，研究や仕事をする環境をつくりやすいです．そのためか，インターネットで検索すると，Linux 上にササッと開発環境を構築している人が多くいます．また，機械学習の環境として誰でも利用できる Google Colaboratory にも Linux が使われています．ぜひみなさんも自分の研究や仕事，趣味に Linux を使ってほしいと思います．Linux は，CentOS や Ubuntu という名前で無料で配布されています．

　本書では，C言語を用いて Linux のしくみをざっくり理解することができます．Linux に不慣れな人を対象にしていますので，できるだけ平易な解説と短いサンプルプログラムの掲載を心掛けました．また，使用する関数の種類もむやみに増やさないようにしました．たとえば，結果の表示には fprintf 関数をおもに使い，puts 関数などは避けるようにしており，知らない関数が出てくる可能性を減らしています．

　本書内の説明は，表面上の動作のイメージを解説しています．なかには見かけの動作と実際の内部の動作が異なっていることもあります．しかし，正確な記述を目指し

すぎると，不慣れな人にとって逆にわかりづらくなってしまうこともあるため，本書では，詳細な解説よりもわかりやすさを重視した説明をしています．不足している部分は，ほかの専門書に譲りたいと思います．

　本書を用いた勉強方法ですが，C言語もLinuxもプログラムやコマンドをただ暗記するのでは理解したことにはなりません．動作のイメージを頭の中につくることがとても大切になります．そのためには，解説を読むだけでなくサンプルプログラムを実行してほしいと思います（サンプルプログラムは森北出版のサイト https://www.morikita.co.jp/books/mid/085551 からダウンロードできます）．実行も1回だけでなく何度も実行してみましょう．たとえば，実行結果をみてもどうしてその結果になるのか説明できないときは，プログラムの途中で変数の値を表示して値を確認したり，数か所に fprintf 関数を入れて表示される順番からプログラムの流れを確認したりして理解につなげてほしいと思います．章末問題にはいくつか確認用の問題を掲載していますので参考にしてください．

　最後になりましたが，本書の出版にご尽力いただいた森北出版の富井晃様，執筆のきっかけをいただきました森北出版の二宮惇様，編集などにあたっていただいた森北出版の佐藤令菜様をはじめとしたすべての方に感謝申し上げます．また，これまでシステムプログラミングの講義を受講したすべての学生にも感謝申し上げます．私のつたない講義に対し，みなさんが率直な質問をしてくれた，その積み重ねで本書はできています．

　2020年7月

篠山　学

▶ 目　次

▶ 第1章

C言語のまとめ

1.1　C言語とシステムプログラミング

　本章では，Linux システムプログラミングの理解に必要となる C 言語の基本的な知識を解説します．本書では，C 言語を使って Linux が記述されているため，理解するためには C 言語の知識が必要です．とくに，ポインタや構造体について理解していないと，システムコールという関数の動作を理解したり利用したりすることが難しくなります．もし，あなたがすでに C 言語のプログラムを書いたり読んだりできるのであれば，本章はとばして第 2 章へお進みください．ポインタや構造体について不安な場合は，本章を通して理解しましょう．C 言語を詳しく解説すると，それだけで 1 冊の本になってしまいます．書店には C 言語を解説した本がたくさん並んでいます．でも，Linux システムプログラミングに必要となる基本的な知識だけなら少しで済みます．本章では深い内容には触れず，Linux システムプログラミングに必要な知識にしぼってざっくり解説します．

　まず，1.2 節では変数とポインタ変数について解説します．1.3 節では配列と配列のポインタについて解説します．1.4 節では，変数や配列をセットにした型である構造体について解説します．1.5 節では，データの列を扱うための線形リストについて解説します．また，1.6 節では，プログラム実行後に入力する手間を省くことができるコマンドライン引数について説明します．

1.2　変数とポインタ変数

1.2.1　変数

　変数とは，数字や文字が入る「ロッカー」です．現実世界のロッカーを思い浮かべるのが近いと思います．たとえば，学校に学生用のロッカーがあるとします．入学すると，ロッカーに学生の名前をつけます．学生の名前は sato とします．すると，sato さんはロッカー名 sato の中に荷物を入れることができます．C 言語では，変数の名前を sato と決める（int　sato; のように宣言する）と，sato という名前

がPC内のメモリ（学校内のロッカー）に割り当てられます．プログラムが終了すると，メモリに割り当てられた名前は消えます．学校を卒業すると名前が消えるのと同じです．PC内にもロッカーがあるということがイメージできたでしょうか？　では，ロッカーに荷物を入れてみましょう．たとえば，変数satoに整数値100を入れるには，sato=100;とします．するとロッカー内に100が格納されます．また，すべてのロッカーにはあらかじめロッカー番号が割り当てられています．ここでは，名前satoのロッカー番号は103とします．図1.1に，変数とロッカーとロッカー番号の関係を示します．

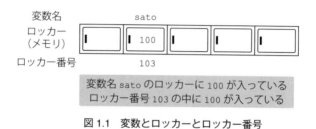

図 1.1　変数とロッカーとロッカー番号

1.2.2　ポインタ変数

　ポインタ変数も変数の一種です．いま説明したように，変数には数字や文字を入れることができました．ポインタ変数は特殊な変数で，ロッカー番号だけを入れることができます．ロッカー番号とは，あらかじめ割り当てられているメモリのアドレス（番地）のことです．たとえば，学校に2000個のロッカーがあり，1〜2000番のロッカー番号が割り当てられているとします．このとき，ロッカー名satoのロッカー番号が5番だとすると，「名前がsatoのロッカー」と「ロッカー番号が5番のロッカー」は同じロッカーのことですね．みなさんが自分の名前でよばれても学生番号でよばれても両方とも自分のことを表すのと同じです．PCのメモリにもアドレスという通し番号が割り当てられています．ポインタ変数のロッカーには，このロッカー番号だけが入ります．

　それでは，確認のため，プログラムを作成して実行してみます．サンプルプログラムlocker.cを使って解説します．実行してみてください．

▶ Exercise 1.1　locker.c と実行結果

```
/////// locker.c ///////
#include <stdio.h>

int main(){
    int sato;
    sato = 100;
    fprintf(stderr, "sato=%d¥n", sato);

    int *p;
    p = &sato;
    fprintf(stderr, "*p=%d¥n", *p);
    return 0;
}
```

```
$ ./locker
sato=100
*p=100
$
```

　まず，4行目 int sato; によって，ロッカーに sato という名前をつけます．そして，次の sato=100; によって整数値 100 がロッカーに入ります．ここで，fprintf 関数によって sato のロッカー内を表示すると，100 が表示されます．fprintf 関数は printf 関数とほぼ同じです．詳しくは第 8 章で説明します．次に，8行目 int *p; によって p という名前をロッカーにつけます．このロッカーは特殊で，ロッカー番号だけが入ります．普通のロッカーと違って int * のように * をつけて宣言します．これがさきほど説明したポインタ変数です．ポインタ変数 p にはロッカー番号を入れるので，sato という名前をつけたロッカーの番号を入れます．変数 sato のロッカー番号を表すには &sato とします．変数名に & をつけるだけでよいのです．p=&sato; によってポインタ変数 p にロッカー番号が入ります．ロッカー番号は通常は 16 進数ですが，ここでは簡単のため 103 番とします．図 1.2 と図 1.3 に sato と p のイメージ図を示します．

図 1.2　変数名 sato

変数名 p のロッカーに 103 が入っている
ロッカー番号 801 の中に 103 が入っている

図 1.3　ポインタ変数名 p

　現在，ロッカー番号 801 のポインタ変数 p の中には 103 が入っています．ロッカー番号 103 のロッカーの中を表すには，*p とします．ロッカー番号が入っている変数名に * をつけると，「ロッカー番号の中」を表します．そのため，*p はロッカー番号 103 のロッカーの中身と読みます．すなわち 100 ですね．よって *p=100 と表示されました．このように，ポインタ変数を介して変数の中身にアクセスすることを間接参照とよびます．間接参照に使う「*」は間接参照演算子とよばれます．なお，ポインタ変数の宣言（int *p;）のときに使った「*」とは意味が異なることに注意してください．

1.3　配　列

1.3.1　配　列

　1.2 節では，変数とポインタ変数について解説しました．本節では，配列と配列のポインタについて解説します．配列とは，同じ型の変数が複数集まったものです．変数を 10 個つくろうとすると，int a，b，c,… のように変数名を 10 個考えて，10 個並べなくてはなりません．100 個ならもっと大変です．このような場合には，配列を使うと便利です．たとえば，10 個の整数を格納したいとき，配列なら int ito[10]; と宣言するだけで，ito[0]，ito[1]，ito[2]，…，ito[8]，ito[9] の 10 個のロッカーが確保できます．宣言のときの [] 内の数字は，配列の要素数を表します．100 個ほしいときは int ito[100]; のようにします．宣言以外のときの [] 内の数字は，配列の要素番号を表します．ここで，要素番号は 0 から始まることに注意してください！　たとえば，要素数が 10 個の配列で配列の先頭に 400 を代入したいとき，先頭は要素番号 0 ですから ito[0]=400; とします．配列の最後に 800 を代入したいときは，ito[9]=800; とします．要素番号 10 が存在しないため，ito[10]=800; は間違いです．図 1.4 に配列 ito[10] のイメージを示します．ここで，ロッカー番号は 201 から始まるものとします．

図 1.4　配列 ito

　図中のロッカー番号が 201 から 205 というように 4 ずつ増加しているのには意味があります．宣言する型によって，使用するロッカー数が異なっているためです．たとえば，double 型であれば 8 バイト，char 型は 1 バイトです．ここでは int 型を使っており，int 型は 4 バイトと決められています．

1.3.2　配列のポインタ

　配列のロッカー番号もポインタ変数に代入することができます．プログラムを作成して実行してみましょう．サンプルプログラム array.c を使って解説します．実行してみてください．

▶ Exercise 1.2　array.c と実行結果

```
/////// array.c ///////
 1  #include <stdio.h>
 2
 3  int main(){
 4    int i, ito[5];
 5    for(i=0;i<5;i++){
 6      ito[i] = i + 10;
 7    }
 8    for(i=0;i<5;i++){
 9      fprintf(stderr, "ito[%d]=%d¥n", i, ito[i]);
10    }
11
12    int *p,*q;
13    p = &ito[1];
14    fprintf(stderr, "*p=%d¥n", *p);
15    q = ito;
16    fprintf(stderr, "*q=%d¥n", *q);
17    return 0;
18  }
```

```
$ ./array
ito[0]=10
ito[1]=11
ito[2]=12
ito[3]=13
```

```
ito[4]=14
*p=11
*q=10
$
```

ito という名前の整数型配列を宣言します．要素数は五つです．続いて，ito[0] から ito[4] まで i+10 の値を代入していきます（図 1.5）．確認のため，fprintf 関数で ito[0] から順番に値を表示させます．実行結果をみると，10 から 14 までが代入されているのがわかります．

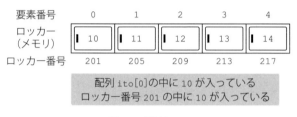

図 1.5　配列 ito

次に，ロッカー番号だけが入る特殊な変数 p と q を宣言します．変数のロッカー番号を表すには，変数名に「&」をつけました．配列も同じです．プログラム内では &ito[1] となっており，これは配列 ito の要素番号 1 のロッカー番号を表します．そのため，ポインタ変数 p の中には 205 が入ります（図 1.6）．fprintf 関数内の *p はロッカー番号 205 の中身と読みます．すなわち 11 です．よって *p=11 と表示されました．次の 15 行目 q=ito; は q=&ito[0]; と同じ意味です．配列の配列名は要素番号 0 のロッカー番号（配列の先頭アドレス）を表します．これは非常によく使われるので，ぜひ覚えておいてください．ポインタ変数 q の中には 201 が入ります（図 1.7）．よって fprintf 関数内の *q はロッカー番号 201 の中身と読みます．すなわち 10 です．よって *q=10 と表示されました．

図 1.6　ポインタ変数名 p   図 1.7　ポインタ変数名 q

1.4　構造体

1.4.1　構造体

　ここまで変数，ポインタ変数，配列について復習してきました．本節では，構造体について解説します．また，本節からロッカー番号をアドレスとよぶことにします．構造体とは，いくつかの変数や配列をセットにした型のことです．型というのは整数型であれば int 型，実数型であれば double 型などがありますね．構造体は，その型を新しくつくることができるものとイメージしてください．例を図 1.8 に示します．

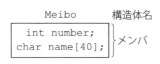

図 1.8　構造体の例

　この例では，新しい型名，すなわち構造体名を Meibo 型と名付け，int 型変数 number と char 型配列 name をセットにしています．セットにした変数や配列のことを，構造体のメンバとよびます．ここでは，構造体 Meibo のメンバは number と name[40] となります．

　では，なぜセットにする必要があるのでしょうか？　それは，第三者がプログラムを読んだときに，関連のある変数や配列が一目でわかるようにするためです．たとえば，スマートフォン内の電話帳を考えてみましょう．図 1.9 にスマートフォンの電話帳の例を示します．電話帳に登録したい項目は「名前」や「携帯電話番号」，「年齢」

図 1.9　スマートフォンの電話帳

【電話帳の項目の一部】

名前	Suzuki
携帯電話番号	09012345678
年齢	18

【電話帳の項目を格納する変数や配列】

```
char name[40]="Suzuki";
char tel[12]="09012345678";
int age=18;
```

とします．この例にある名前や携帯電話番号を格納する変数や配列は，上記のように
なります．二つの配列と一つの変数を使うことで，電話帳に1名の情報を格納する
ことができます．一見問題がなさそうですが，そうではありません．Suzuki という
人名が配列 name に格納されていますね．同様に，携帯電話番号が配列 tel に格納
されています．このとき，Suzuki の携帯電話番号が 09012345678 であるとはプロ
グラムのどこにも書かれていません．プログラムを書いた人は，配列 name と配列
tel が対応しているということがわかっています．しかし，第三者が読むと，どの
変数と配列が対応しているかがわからないのです．このような場合に構造体を使えば，
変数や配列をセットにできるため，第三者が読んでも変数と配列の対応がわかります．
　それでは，電話帳の例を使って構造体をつくってみましょう．サンプルプログラム
struct.c を使って解説します．実行してみてください．

▶ Exercise 1.3　struct.c と実行結果

```c
/////// struct.c ///////
1   #include <stdio.h>
2
3   struct denwacho{
4     char name[40];
5     char tel[12];
6     int age;
7   };
8
9   int main(){
10    struct denwacho friend;
11    scanf("%s", friend.name);
12    scanf("%s", friend.tel);
13    scanf("%d", &friend.age);
14    fprintf(stderr, "friend.name=%s¥n", friend.name);
15    fprintf(stderr, "friend.tel=%s¥n", friend.tel);
16    fprintf(stderr, "friend.age=%d¥n", friend.age);
17    return 0;
18  }
```

```
$ ./struct
Suzuki
09012345678
18
friend.name=Suzuki
friend.tel=09012345678
```

```
friend.age=18
$
```

　最初の一点鎖線の枠で囲ったプログラムが構造体の宣言とよばれる部分です．構造体の名前とセットにする変数や配列をみなさんが自由に決めます．ここでは，電話帳をつくりたいため，構造体の名前を denwacho とし，セットにする変数や配列をchar name[40]（名前用），char tel[12]（携帯電話番号用），int age（年齢用）の三つとしています．セットにする変数や配列を中括弧{}で囲ってください．また，最後は必ずセミコロン；をつけてください．

　さて，これで構造体 denwacho が宣言できました．ただし，これは新しい型を宣言しただけです．つまり，int 型や double 型，char 型などと同様の denwacho 型をつくっただけです．数値や文字列を格納するには，変数や配列を宣言する必要があります．たとえば，int a;とすることで適当なロッカーに a という名前が割り当てられます．a=100;とすれば，a のロッカーに 100 が格納されました．構造体も同様に変数や配列を宣言します．それが struct denwacho friend;です．struct は構造体を表します．表 1.1 に構造体変数の宣言と int 型変数の宣言の比較を示します．みてもらえばわかるように，構造体の宣言はあくまでも新しい型の宣言ですので，新しい構造体型の変数 friend を宣言して初めて数値や文字列を格納できるようになります．

表 1.1　構造体変数の宣言と int 型変数の宣言の比較

	型　名	変数名
構造体変数の宣言	struct denwacho	friend;
int 型変数の宣言	int	a;

　次に，宣言した構造体 denwacho の変数 friend に，値や文字列を格納します．構造体 denwacho にはメンバが三つあります．name[40] と tel[12] と age です．イメージを図 1.10 に示します．

```
┌friend─────┐
│ name[40]  │
│ tel[12]   │
│   age     │
└───────────┘
```

図 1.10　構造体変数とメンバのイメージ

　構造体変数 friend のメンバを表すには，friend.age のように「.」（ドット演算子）を用います．たとえば，age に数値 18 を格納したければ，friend.age=18;とします．単に age=18; とするのは間違いです．プログラム struct.c では，friend の age にキーボードから数値を代入するために，13 行目で scanf ("%d",&friend.age); としています．name[40] や tel[12] も同様です．friend のname[40] にキーボードから文字列を代入するために，11 行目で scanf ("%s",friend.name); としています．scanf 関数を使う場合，文字列を代入するときは& がいらず配列名だけでよいですが，数値を代入するときは変数に & が必要でしたね．構造体のメンバであってもそれは同じです．最後に fprintf 関数で構造体変数のメンバを表示します．

1.4.2　構造体のポインタ

　構造体変数や構造体配列のポインタについて，サンプルプログラム struct2.c を使って解説します．実行してみてください．

▶ Exercise 1.4　struct2.c と実行結果

```
/////// struct2.c ///////
1  #include <stdio.h>
2
3  struct denwacho{
4    char name[40];
5    char tel[12];
6    int age;
7  };
8
9  int main(){
10   struct denwacho friend[3], *p;
11   int i;
12   p=friend;
13   for(i=0;i<3;i++){
14     scanf("%s", p->name);
15     scanf("%s", p->tel);
16     scanf("%d", &p->age);
17     p++;
18     }
19   p=friend;
20   for(i=0;i<3;i++){
21     fprintf(stderr, "p->name=%s¥n", p->name);
22     fprintf(stderr, "p->tel=%s¥n", p->tel);
23     fprintf(stderr, "p->age=%d¥n", p->age);
24     p++;
25   }
26   return 0;
27  }
```

```
$ ./struct2
Suzuki
09012345678
18
Ito
08012345678
19
Goto
07012345678
17
p->name=Suzuki
p->tel=09012345678
p->age=18
p->name=Ito
p->tel=08012345678
p->age=19
p->name=Goto
p->tel=07012345678
p->age=17
$
```

struct2.c の構造体 denwacho は struct.c で宣言したものと同じです．異なる点は struct.c が構造体の変数を宣言していたのに対して，struct2.c では構造体の配列（friend[3]）を宣言していることです．構造体の配列のイメージを図1.11 に示します．

図 1.11　構造体配列とメンバのイメージ

図1.10 と比較すると，単純に変数から配列になっただけというのがわかると思います．次に，構造体のアドレスが入るポインタ変数 p を宣言します．12行目 p=friend; では friend[0] のアドレスが p に代入されます．構造体変数や構造体配列のアドレスが入ったポインタ変数を使って構造体変数や配列のメンバを表すには，矢印演算子「->」を用います．たとえば，friend[0] のアドレスが入ったポインタ変数 p を使ってメンバ age に数値 18 を格納したければ，p->age=18; とします．strcut2.c では friend[0] ～ friend[2] に 3 人の情報を登録するため，for ループを使っています．17行目 for ループの最後では，p++; として次の配列のアドレスにしています．for ループ終了後，19行目で再び p=friend; としています．これは，格納された 3 人の情報を入力順に表示するためです．再び p に friend[0]

のアドレスを代入することで，friend[0] から表示することができます．

1.5　線形リスト

1.5.1　線形リスト

　ここまで，変数や配列とそれらのポインタ変数，構造体について復習しました．続いて，線形リストを解説します．線形リストは，Linux で非常に多用されています．たとえば，第 6 章のファイルシステムで解説するディレクトリエントリや inode は，線形リストで繋がっています．線形リストは単方向や双方向があります．さらに，Linux ではデータの管理とリストの管理が別々の線形リストになっています．ここでは，単方向の線形リストを解説します．まず，線形リストのイメージを図 1.12 に示します．

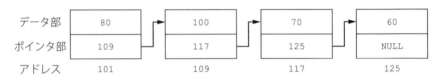

データ部	80	100	70	60
ポインタ部	109	117	125	NULL
アドレス	101	109	117	125

図 1.12　線形リストのイメージ

　線形リストは，データ部とポインタ部で構成されています．図 1.12 の例では，データ部とポインタ部は一つずつあります．ポインタ部には次の線形リストのアドレスが入ります．ただし，最後のリストの場合は NULL が入ります．次の線形リストのアドレスを保持することで，たくさんのリストを繋いで管理することができます．たとえば，データ部のすべての値を表示する場合は，まず先頭の 80 を表示したあと，次の線形リストのアドレス 109 を得ます．次に，アドレス 109 のデータ部の値 100 を表示したあと，次のアドレス 117 を得ます．以下同様に繰り返し，ポインタ部が NULL になると終了します．

　線形リストの利点について説明します．もっとも大きな利点は，データの挿入や削除が簡単なことです．たとえば，図 1.13 のリストを図 1.12 のアドレス 109 と 117 の間に挿入することを考えましょう．

| 90 |
| NULL |
| 312 |

図 1.13　挿入したい線形リスト

　手順は以下のとおりです.

1. 挿入したい線形リストのポインタ部に, アドレスが 109 のリストのポインタ部のアドレス 117 を代入する
2. アドレスが 109 のリストのポインタ部に, 挿入したい線形リストのアドレス 312 を代入する

たったこれだけで, 図 1.13 のリストが図 1.12 のリストに挿入されました. 試しに先頭のデータ部が 80 のリストから最後までたどってみてください. このように, 線形リストはデータの挿入や削除が容易です. Linux では, プロセスやファイルは常にあらたに作成されたり削除されたりしています. そのため, 線形リストで管理する必要があるのです.

1.5.2　構造体を使った線形リスト

　それでは, 構造体を使って線形リストを実現してみましょう. サンプルプログラム linearlist.c を使って解説します. 実行してみてください.

▶ Exercise 1.5　linearlist.c と実行結果

```
/////// linearlist.c ///////
1  #include <stdio.h>
2  struct linear{
3    int data;
4    struct linear *next;
5  };
6
7  int main(){
8    int i;
9    struct linear arr[5], *ptr, *curr;
10   ptr=arr;
11   for(i=0;i<5;i++){
12       scanf("%d", &ptr->data);
13       curr=ptr;
14       curr->next=++ptr;
15   }
16   curr->next=NULL;
17
18   ptr=arr;
19   while(ptr!=NULL){
20     fprintf(stderr, "%d¥n", ptr->data);
21     ptr=ptr->next;
22   }
23
24   return 0;
```

```
25  }
```

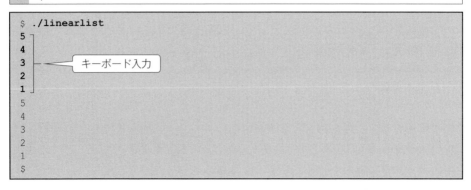

本来はメモリの動的確保を行い，リストの追加や削除といった関数も実装すべきところですが，ここでは，線形リストの理解を優先し，リストの数を五つに固定しました．まず，構造体 struct linear を定義します．メンバは int 型の data と struct linear のアドレスが入るポインタ変数 next の二つだけです．構造体のメンバにその構造体のポインタ変数を定義することを自己参照とよびます．10 行目 ptr=arr; によって，配列 arr の先頭アドレスを ptr に代入します．for ループで arr[0] から arr[4] のメンバ data に数値を代入します．13 行目，ポインタ変数 curr には，キーボードから数値を入力したときの構造体のアドレスを格納します．つまり，curr はいま入力処理を行っている構造体の配列 arr のアドレスとなります．14 行目 curr->next=++ptr; では，現在処理中である構造体の配列 arr のメンバ next に次のアドレスを代入しています．++ptr は前置インクリメント演算子で，ptr を加算してから curr->next に代入します．リストの最後の next は NULL とするため，16 行目 curr->next=NULL; としています．最後に，リストの内容を先頭からすべて表示します．ptr は，arr[4] に数値を代入したあと ++ptr によってさらに進んでいるため，先頭アドレスに戻すように 18 行目 ptr=arr; としています．あとは，構造体のメンバ next が NULL となるまで data を表示します．

1.6　コマンドライン引数

1.6.1　コマンドライン引数

　復習の最後に，コマンドライン引数を解説します．プログラムを実行するときは実行ファイル名を入力します．たとえば，「./struct2」のように入力します．あるい

は，「ls」のようにコマンド名を入力します（コマンドについては第2章で説明します）．このようにユーザが入力する実行ファイル名やコマンド名を，コマンドラインとよびます．C言語（だけではないですが）では，コマンドラインをmain関数の引数にとることができます．このことをコマンドライン引数とよびます．コマンドライン引数を使えば，プログラム実行後に入力する手間を省けます．

　確認のため，サンプルプログラムcl.cを使って解説します．実行してみてください．

▶ Exercise 1.6　cl.c と実行結果

```
/////// cl.c ///////
1  #include <stdio.h>
2
3  int main(int argc, char *argv[]){
4    fprintf(stderr, "argc=%d¥n", argc);
5    fprintf(stderr, "argv[0]=%s¥n", argv[0]);
6    fprintf(stderr, "argv[1]=%s¥n", argv[1]);
7    fprintf(stderr, "argv[2]=%s¥n", argv[2]);
8    return 0;
9  }
```

```
$ ./cl abc 7
argc=3
argv[0]=./cl
argv[1]=abc
argv[2]=7
$
```

　main関数の引数にint argc, char *argv[]の二つの引数を書きます．argcにはコマンドライン引数の数が入ります．実行ファイル名も数に入っています．そのため実行結果は3となっています．配列argvにはchar型のアドレスが入ります．argv[0]には実行ファイル名の先頭アドレスが入ります．この場合では「.」のアドレスが入ります．コマンドラインとコマンドライン引数の関係を図1.14に示します．

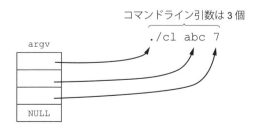

図1.14　コマンドラインとコマンドライン引数の関係

　ここでの注意点としては，引数は文字列として扱われるということです．実行例では「7」を入力していますが，これは文字であって数値ではありません．そのためfprintf 関数において %s を使って表示しています．もし，数値として扱いたければ，atoi 関数などを用いて int 型に変換する必要があります．

1.6.2　コマンドライン引数のエラー処理

　次に，コマンドライン引数の数を間違えて実行した場合のエラー処理について解説します．サンプルプログラム cl_err.c を使って解説します．実行してみてください．

▶ Exercise 1.7　cl_err.c と実行結果

```
/////// cl_err.c ///////
1   #include <stdio.h>
2
3   int main(int argc, char *argv[]){
4     if(argc != 3){
5       fprintf(stderr, "Usage:cl_err f1 f2¥n");
6       return 1;
7     }
8     fprintf(stderr, "OK¥n");
9     return 0;
10  }
```

```
$ ./cl_err file
Usage:cl_err f1 f2
$
$ ./cl_err afile bfile
OK
$
```

　コマンドライン引数の数が三つのときだけ正常に動くプログラムです．三つ以外の場合は Usage（使い方）を表示して終了します．コマンドライン引数の数が三つかどうかを判定するには，argc を使えばよいですね．このエラー処理はよく使われますので覚えておいてください．

＜本章のまとめ＞

　本章では，システムプログラミングを学ぶのに必要な C 言語の知識について解説しました．変数や配列にはロッカーが割り当てられ，ロッカー番号（アドレス）が存在します．同じロッカーを表すのに変数名を使ってもよいし，アドレスを使ってもよいことも解説しました．また，アドレスだけが入るポインタ変数も解説しました．そ

のあと，変数をセットにできる構造体について解説しました．さらに，構造体とポインタ変数を用いた線形リストも，サンプルプログラムを使って解説しました．最後に，コマンドライン引数の使い方も解説しました．次の第2章では，Linuxのディレクトリ構造とコマンドについて解説します．

■ 章末問題 ■

1.1 次のプログラム q1-1.c は，変数 a と b の値を加算するプログラムである．加算方法は，(1) 変数 a と b の加算，(2) 変数とポインタ変数を用いた加算，(3) ポインタ変数同士の加算，とする．下線部に適切なコードを書け．

```
/////// q1-1.c ///////
1  #include <stdio.h>
2  int main(){
3    int a=1, b=2, *x, *y, ans1, ans2, ans3;
4    x =____;
5    y =____;
6    ans1 =_____;   //(1)
7    ans2 =_____;   //(2)
8    ans3 =_____;   //(3)
9    printf("ans1=%d¥nans2=%d¥nans3=%d¥n", ans1, ans2, ans3);
10   return 0;
11 }
```

```
$ ./q1-1
ans1=3
ans2=3
ans3=3
$
```

1.2 次のプログラム q1-2.c は，キーボードから入力した整数値を表示するプログラムである．以下の実行結果となるように下線部に適切なコードを書け．

```
/////// q1-2.c ///////
1  #include <stdio.h>
2  void kan(int____){
3    scanf("%d", p);
4  }
5  int main(void){
6    int n;
7    kan(____);
8    printf("n=%d¥n", n);
9    return 0;
10 }
```

```
$ ./q1-2
50
```

```
n=50
$
```

1.3　次のプログラム q1-3.c は，二つの変数の値にそれぞれ 1 加算した結果を表示するプログラムである．下線部に適切なコードを書け．

```
/////// q1-3.c ///////
1   #include <stdio.h>
2   void sum(int____, int____){
3     *n = *n + 1;
4     *m = *m + 1;
5   }
6   int main(){
7     int a=1, b=2;
8     sum(_____,_____);
9     printf("a=%d¥nb=%d¥n", a, b);
10    return 0;
11  }
```

```
$ ./q1-3
a=2
b=3
$
```

1.4　次のプログラム q1-4.c は，配列を引数にとる関数を用いたプログラムである．下線部に適切なコードを書け．

```
/////// q1-4.c ///////
1   #include <stdio.h>
2   void func(int____, int____){
3     int i;
4     for(i=0;i<n;i++){
5       d[i] = d[i] * 10;
6     }
7   }
8   int main(){
9     int i, k=5;
10    int arr[5]={1, 2, 3, 4, 5};
11    printf("arr[3]=%d¥n", arr[3]);
12    func(_____,_____);
13    printf("arr[3]=%d¥n", arr[3]);
14    return 0;
15  }
```

```
$ ./q1-4
arr[3]=4
arr[3]=40
$
```

1.5 次の構造体 kozo 型の配列 data[20] を (1) に宣言せよ．また，配列 data の先頭の
要素のメンバ age に 21 を代入するコードを (2) に書け．

```
struct kozo{
  char name[40];
  int age;
};
```

(1) _____

(2) _____

1.6 次のプログラム q1-6.c は，キーボードから構造体 denwa にデータを読み込み，読み
込んだ順に表示するプログラムである．下線部に適切なコードを書け．矢印演算子
「->」を使うこと．

```
/////// q1-6.c ///////
1   #include <stdio.h>
2   int main(){
3     struct denwa{
4       char name[50];
5         int age;
6     };
7     struct denwa data[3];
8     struct denwa *p;
9     int i;
10    p =_____;
11    for(i=0;i<3;i++){
12      scanf("%s%d",_____,_____);
13        p++;
14    }
15    p = data;
16    for(i=0;i<3;i++){
17      printf("%s %d¥n",_____,_____);
18        p++;
19    }
20
21    return 0;
22  }
```

```
$ ./q1-6
taro 20
sato 19
goto 21
taro 20
sato 19
goto 21
$
```

1.7 Exercise 1.4 の `struct2.c` ではポインタ変数を用いている．ポインタ変数を使用しないプログラム `q1-7.c` に書き換えよ．
   ▶ヒント：ドット演算子を用いる

1.8 コマンドライン引数から二つの数字を読み込み，以下のように加算した結果を表示するプログラム `q1-8.c` を作成せよ．`atoi` 関数を用いよ．

```
$ ./q1-8 1 2
1 + 2 = 3
$
```

1.9 次のプログラム `q1-9.c` 内の5行目が出力される実行例を二つ挙げよ．ただし，引数の数は変えること．

```
//////// q1-9.c ////////
1  #include <stdio.h>
2  int main(int argc, char *argv[]){
3
4    if(argc != 2){
5        fprint(stderr, "Usage:q1-9 file¥n");
6        return 1;
7    }
8    return 0;
9  }
```

1.10 次のプログラム `1_list.c` は Exercise 1.5 と同じプログラムである．以下の問いに答えよ．
   (1) 21行目の `ptr=ptr->next;` を `ptr++;` に変更するとループが5回で終わらない．なぜか考察せよ．
   (2) 23行目に，配列 `arr` の要素番号をキーボードから入力するとその要素番号のデータのみを表示する処理を追加せよ．要素番号は8行目の `int` 型変数 `n` に格納せよ．実行結果を①に示す．
   (3) 入力とは逆順に表示するように変更したプログラム `1_list2.c` を作成せよ．実行結果を②に示す．

```
//////// 1_list.c ////////
1  #include <stdio.h>
2  struct linear{
3    int data;
4    struct linear *next;
5  };
6
7  int main(){
8    int i, n;
9    struct linear arr[5], *ptr, *curr;
```

```
10      ptr=arr;
11      for(i=0;i<5;i++){
12        scanf("%d", &ptr->data);
13        curr=ptr;
14        curr->next=++ptr;
15      }
16      curr->next=NULL;
17
18      ptr=arr;
19      while(ptr!=NULL){
20        fprintf(stderr, "%d¥n",ptr->data);
21        ptr=ptr->next;
22      }
23
24      return 0
25    }
```

【実行結果】
```
$ ./l_list
5
4
3
2
1
5
4
3
2
1
$
```

【実行結果①】
```
$ ./l_list
5
4
3
2
1
5
4
3
2
1
要素番号:4
1
$
```

【実行結果②】
```
$ ./l_list2
5
4
3
2
1
1
2
3
4
5
$
```

▶ 第2章
Linux のディレクトリ構造とコマンド

2.1 ディレクトリやコマンドの知識について

　第 1 章は C 言語の復習でした．本章では，Linux のディレクトリ構造とコマンドについて説明します．これらは，システムプログラミングを理解するには必要な知識です．たとえば，ルートディレクトリやホームディレクトリ，カレントディレクトリなどの概念は重要です．コマンドも，ls や cd，cp，mv，pwd などは頻繁に使いますので，理解して使えるようにしておかなければなりません．すでに理解している方はとばして第 3 章へお進みください．

　まず，2.2 節では Linux のディレクトリ構造について説明します．次に，2.3 節ではシェルや代表的なコマンドについて説明します．

2.2 Linux のディレクトリ構造

　ディレクトリとは，作成したファイルをひとまとめにしておく箱のようなものです．Windows のフォルダをイメージしてもらえばよいと思います．Linux では，この箱のようなものをディレクトリとよびます．ディレクトリもフォルダも，その中にさらにディレクトリやフォルダを作成することができます．このような構造を階層構造とよびます．Linux のディレクトリの階層構造の例を図 2.1 に示します．

　一番上に位置するディレクトリを**ルートディレクトリ**とよびます．ルートディレクトリは，記号「/」で表されます．また，Linux では，自分がどのディレクトリに「居る」のか常に把握しておかなければなりません．自分が居るディレクトリを，**カレントディレクトリ**，または，ワーキングディレクトリとよびます．カレントとは"current"，つまり「現在の」という意味です．本書では，カレントディレクトリで統一します．カレントディレクトリは，記号「.」（ドット）で表されます．ログイン直後にあなたがいるディレクトリを，**ホームディレクトリ**とよびます．ログイン直後は，ホームディレクトリがカレントディレクトリとなっています．カレントディレクトリの一つ上のディレクトリを，親ディレクトリとよびます．親ディレクトリは，

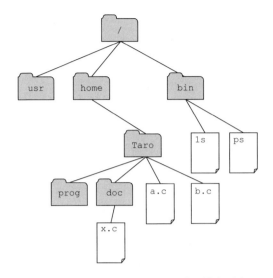

図 2.1　Linux のディレクトリの階層構造の例

記号「..」（ドット二つ）で表されます.

2.3　シェルとコマンド

Linux では，コンピュータに仕事をさせるのにコマンドを使います．ここでいう仕事とは，ファイルを作成したり，コピーしたり，削除したり，コンパイルしたり，プログラムを実行したり，ファイルの一覧をみたり，ファイルを探したりすることです．本節では，基本的なコマンドとその使い方を学習します．表 2.1 に基本的なコマンドとその説明を示します.

表 2.1　基本的なコマンド

コマンド名	説　明
ls	カレントディレクトリ内のファイル一覧を表示
pwd	カレントディレクトリの絶対パスを表示
cd	カレントディレクトリの変更
mkdir	ディレクトリの作成
cp	ファイルのコピー
mv	ファイル名の変更
rm	ファイルの削除

　これらのコマンドは端末に入力します．端末はシェル（shell）とよばれています．
シェルの動作は単純で，以下の動作を繰り返すだけです．

　　1. ユーザからのコマンドの入力を待つ
　　2. コマンドを実行する
　　3. 1. に戻る

　それでは，実際にコマンドをシェルで実行して動作を確認しておきましょう．ここ
では，図 2.1 のディレクトリ構造とし，カレントディレクトリが Taro，ホームディ
レクトリも Taro であるという前提で進めます．みなさんも自分の適当なディレクト
リ（たとえばホームディレクトリ）で実行してみてください．まずは ls を実行して
みます．

▶ Exercise 2.1　ls と実行結果

```
$ ls
a.c b.c doc prog
$
```

　コマンド ls は，カレントディレクトリのファイル一覧を表示します．いま，カレ
ントディレクトリは Taro（図 2.1）としていますので，その中にある二つのファイ
ルと二つのディレクトリがアルファベット順に表示されました．ファイルを作成した
り，ディレクトリを移動（コマンド cd）したりした場合には ls をセットで実行し，
確認する習慣をつけておいてください．
　次に，pwd を実行します．

▶ Exercise 2.2　pwd と実行結果

```
$ pwd
/home/Taro
$
```

　コマンド pwd は，カレントディレクトリの絶対パスを表示します．つまり，自分
がいまどこに居るのかがわかります．絶対パスとは，ルートディレクトリを起点にし
た経路のことです．一方，カレンディレクトリを起点にした経路のことを相対パスと
いいます．図 2.1 の例では，ルートディレクトリ→ home → Taro というようにたど
れますので，Exercise 2.2 で /home/Taro と表示されています．「/」が二度出てい
ますが，最初の「/」はルートディレクトリを表し，それ以降の「/」は区切りを表

します. この表示をみると, 自分がいま Taro ディレクトリに居ることが確認できます.
次に, cd を実行します.

▶ Exercise 2.3　cd と実行結果

```
$ cd doc
$ ls
x.c
$
```

コマンド cd は, カレントディレクトリを移動させます. 書式は,

> cd　移動先ディレクトリ名

となります. cd の直後はスペースを必ず入れてください. この場合, 自分が
Taro ディレクトリに居て, すぐ下のディレクトリ doc に移動したいため, 「cd
doc」としました. コマンド ls を実行し, ファイル x.c が表示されていることから,
カレントディレクトリが doc に移動したことが確認できます. また, 試しに pwd を
実行すると「/home/Taro/doc」と表示されるはずです. 親ディレクトリに移動す
るには「cd ..」とします. 実行してみてください.

▶ Exercise 2.4　cd .. と実行結果

```
$ cd ..
$ ls
a.c b.c doc prog
$
```

ディレクトリ doc にいたのが, ディレクトリ Taro に移動したことがわかります.
ところで, 移動先を指定せずに cd だけを実行した場合には, 常にホームディレクト
リへ移動します. 実行してみてください.

▶ Exercise 2.5　cd の実行結果

```
$ cd /
$ pwd
/
$ cd
$ pwd
/home/Taro
```

　まず，ホームディレクトリ以外へ移動します．ここではルートディレクトリに移動しました．次に，cd だけ実行します．するとホームディレクトリへ移動したことが確認できます．

　次に，mkdir を実行します．カレントディレクトリはホームディレクトリ Taro とします．

▶ Exercise 2.6　mkdir GAFA と実行結果

```
$ mkdir GAFA
$ ls
a.c b.c doc GAFA prog
$
```

　コマンド mkdir は，新規にディレクトリを作成します．書式は，

mkdir　新規ディレクトリ名

となります．mkdir の直後はスペースを必ず入れてください．この場合，GAFA という名前のディレクトリを新しく作成しました（図 2.2）．では，ディレクトリ GAFA へ移動してみましょう．

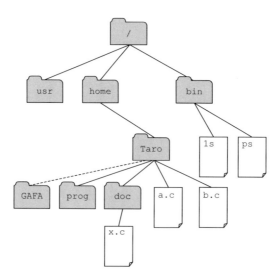

図 2.2　ディレクトリ GAFA の作成

▶ Exercise 2.7　cd GAFA と実行結果

```
$ cd GAFA
$ pwd
/home/Taro/GAFA
$ ls
$      ディレクトリが空っぽなので何も表示されない
```

　コマンド pwd で GAFA へ移動できたことが確認できます．また，コマンド ls を実行しても，新しいディレクトリのため空っぽなのがわかります．次に，この GAFA へファイルをコピーしてみましょう．ファイルをコピーするには，コマンド cp を使います．カレントディレクトリは GAFA とします．

▶ Exercise 2.8　cp ../a.c y.c と実行結果

```
$ cp  ../a.c  y.c
$ ls
y.c
$
```

　コマンド cp はコピーファイルを作成します．書式は，

cp　コピー元ファイル名　コピー先ファイル名

となります．cp の次とコピー元ファイル名の次にはスペースを必ず入れてください．この場合，GAFA の親ディレクトリ「..」にあるファイル a.c を GAFA 内に y.c という名前でコピーしました．
　次に，mv を実行します．カレントディレクトリは GAFA とします．

▶ Exercise 2.9　mv y.c w.c と実行結果

```
$ mv  y.c  w.c
$ ls
w.c
$
```

　コマンド mv はファイル名を変更します．書式は，

mv　元ファイル名　新ファイル名

となります．mv の直後と元ファイル名の直後はスペースを必ず入れてください．こ

の場合，y.c という名前のファイルを w.c というファイル名に変更しました．

最後は，rm を実行します．カレントディレクトリは GAFA とします．

▶ Exercise 2.10　rm w.c と実行結果

```
$ rm w.c
$ ls
$
```

コマンド rm はファイルを削除します．書式は，

rm　ファイル名

となります．rm の直後はスペースを必ず入れてください．この場合，w.c という名前のファイルを削除しました．

<本章のまとめ>

　本章では，Linux のディレクトリの階層構造と基本的なコマンドについて解説しました．ディレクトリは階層構造になっていること，自分が現在どのディレクトリに居るのか常に把握しておく必要があることを理解してください．また，本章で紹介したコマンドを使えるようになってください．システムプログラミングでは，これらのコマンドが使えることが前提となります．次の第 3 章では，いよいよシステムプログラミングを解説します．

■ 章末問題 ■

2.1　次の問いに答えよ．

（1）自分の PC で Linux へログインしたあと，pwd を実行してホームディレクトリのパスを確認せよ．

（2）（1）のあと，ルートディレクトリへ移動し，ディレクトリ内にどんなファイルやディレクトリがあるかを確認せよ．

（3）（2）のあと，自分のホームディレクトリまでディレクトリを 1 階層ずつ移動し，各階層にどんなファイルやディレクトリがあるのか確認せよ．

2.2　ディレクトリの構造を図 2.3 に示す．最初，ユーザのカレントディレクトリ（current directory，以下 CD）は piyo であるとする．以下の問いに答えよ．**スペースが必要な部分には ␣ を記入せよ．**

（1）一番上のディレクトリ「/」の名前をカタカナで書け．

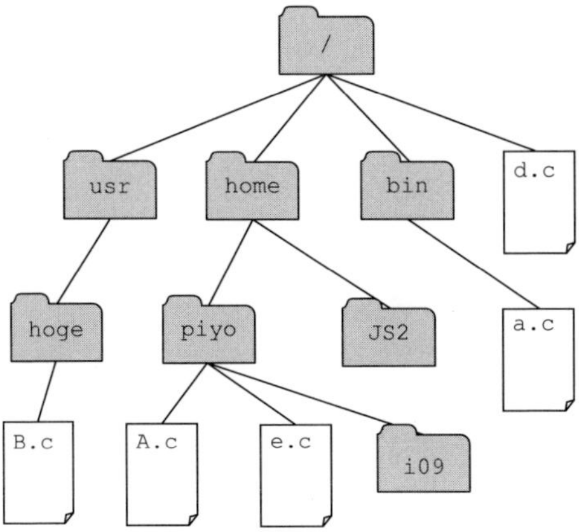

図 2.3

(2) ログイン直後のディレクトリのことを何とよぶか．カタカナで書け．

(3) CD でコマンド pwd を実行したときの結果を書け．

(4) CD にあるファイルやディレクトリを確認したい．コマンドを 1 行で書け．また，実行結果を書け．

(5) CD にある A.c という名前のファイルを aa.c に変更したい．コマンドを 1 行で書け．

(6) CD に新しいディレクトリ new を作成したい．コマンドを 1 行で書け．

(7) ディレクトリ home に移動したい．コマンドを 1 行で書け．

(8) bin に移動したあと，ディレクトリを移動することなく，ファイル名 B.c を B2.c に変えたい．コマンドを 1 行で書け．

(9) CD を / とする．このときファイル d.c を削除したい．コマンドを 1 行で書け．

(10) CD が JS2 のとき，piyo にあるすべてのファイルを CD にコピーしたい．コマンドを 1 行で書け．

▶ 第3章

プロセス

▌3.1　システムプログラミング

　ここまでは，C言語のポインタや構造体，Linuxのディレクトリやコマンドの復習でした．これからいよいよシステムプログラミングをしていきます．本書では，システムプログラミングを「OSの力を借りたプログラミング」と定義します．OSの力というのが抽象的ですので，具体例を一つ挙げます．

　たとえば，誤って無限ループのプログラムを実行してしまったとします．その実行を止めるために，Ctrlキーを押しながらCを押します．Ctrl+C†は強制終了の意味をもつため，これによりプログラムが終了します．しかし，これはよく考えると不思議です．なぜなら，強制終了するためには，無限ループ中にCtrl+Cが入力されたことも検出しなければならないからです．このようなことは，無限ループ中のプログラムにはできません．ここで，OSの力が役立ちます．実は，Ctrl+Cの検出はOSがしているのです．Ctrl+Cの検出後，OSは実行中のプログラムに通知を出します．通知によって割り込みが発生し，プログラムは強制終了します．システムプログラミングを学べば，Ctrl+Cを利かなくしたり，Ctrl+Cが押されたときに無限ループ中であっても別の関数を呼び出したりできるようになります．

　これはほんの一例ですが，OSの力を借りたプログラミングといえます．また，システムプログラミングを学ぶ過程で，OSやファイルシステムなど，Linuxの内部の動作がわかるようになるでしょう．もちろん，理論だけでもLinuxの内部の動作は学べますが，システムプログラミングを通して実践しながら学ぶことができるのです．自分で実行して，実行結果をみて，理論どおりになっていることを確認できて初めて理解できるものと思います．

　本章では，重要な概念であるプロセスについて解説します．まず，3.2節では，プロセスとは何かやプロセスの生成方法について説明します．次に，3.3節では，親プロセスと子プロセスの処理の分岐方法，3.4節では，別プログラムの呼び出し方法について説明します．最後に，3.5節では簡易的なシェルを作成します．普段使ってい

---

† Ctrl+C：キーボードのCtrlキーを押しながらCを押すことをこのように表します．

るシェルを自分で作成してみることで, シェルのしくみを理解できるようになります.

▌3.2 プロセスの生成

3.2.1 プロセスとは

システムプログラミングを理解するのに重要となる概念にプロセスがあります. プロセスとは「泡」のようなものです.「泡」の中にはプログラムが入ります. プログラムを実行するときに生成され, 実行が終了すると消えます. つまり, プロセスは実行中のプログラムともいえます. 複数のプログラムを実行した場合は, 複数のプロセスが生成され, 実行が終了したプロセスから順番に消えていきます.

なぜ, プロセスを生成する必要があるのでしょうか? そもそもプログラムを実行するということは, CPU のパワーによってプログラムを実行するということです. CPU によってパワーを与えられる基本単位がプロセスです. そのため, プロセスを生成し, そのうえで初めて CPU のパワーが得られ, プログラムが実行されます. 抽象的ですので具体例を挙げると, プリンタが文字をコピー用紙に印刷することに似ています (図 3.1). 文字はコピー用紙に印刷されますね. もしコピー用紙がなければ文字を印刷できません. プロセスもコピー用紙のようなものです. CPU (プリンタ) がプログラム (文字) をプロセス (コピー用紙) 上で実行 (印刷) します.

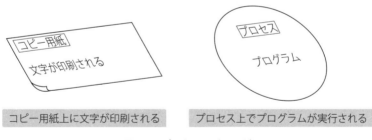

図 3.1 プロセスのイメージ

プロセスがどんなものかなんとなくイメージできてきたでしょうか? それでは, 実際にプロセスを確認してみましょう. 普段意識することはあまりありませんが, PC やスマートフォンには多くのプロセスが存在しています. 試しにスマートフォンの消費電力一覧を表示させてみましょう. 図 3.2 をみてください. たくさんのプログラムが起動中であることがわかります. その一つひとつがプロセスです. 各プロセスはほぼ独立して, CPU によって実行されています. そのため, ゲームアプリと

←	消費量レベル	
Android OS		27.67%
Googleアカウントマネージャ		12.71%
複数のアプリ		実行中
Androidシステム		12.14%
複数のアプリ		実行中
Gmail		5.09%
		実行中
Google		1.84%
		実行中
ヘルスケア		1.73%
		実行中
Google+		0.94%
		実行中
YouTube		0.64%
		停止
システムUI		0.44%
複数のアプリ		実行中

図3.2　スマートフォンの消費電力一覧

メッセージアプリの両方を一緒に使えるのです．ゲーム中にメッセージアプリの着信音が鳴るのは，両方が並列にCPUによって実行されているためです．

　並列に実行といいましたが，厳密には一つのCPUは一つのプロセスしか実行できません．しかし，実際は二つ以上のアプリが同時に実行されているようにみえますね．これは，実行するプロセスを頻繁に切り替えているためです．たとえば，プロセスAを5ミリ秒実行したらプロセスBを5ミリ秒実行，次にまたプロセスAを…という感じです．切り替える間隔がとても短いため，人間には同時に実行されているようにみえるのです．このような，どのプロセスを，いつ，どのくらい実行するかはスケジューラというしくみが決めています．詳しく知りたい方はオペレーティングシステム関係の書籍を参照してください．

3.2.2　Linux のプロセスの確認

　次に，Linux のプロセスを確認してみましょう．確認するには ps コマンドを使います．実行してみてください．

▶ Exercise 3.1 ps コマンドの実行結果

```
$ ps
  PID  TTY       TIME    CMD
 2021  pts/0   00:00:00  bash
 2025  pts/0   00:00:00  ps
$
```

　プロセスは，このように表形式で表されます．1行目の PID 〜 CMD は表の見出しです．4列あり，1列目は PID を表します．PID とはプロセス ID の略で，各プロセスにはこのプロセス ID とよばれる通し番号が付与されています．4列目の CMD は COMMAND の略で，実行中のプログラムの名前です．この表から，ps コマンドが実行されたときのプロセス ID は 2025 だということが読みとれます．ps コマンドの結果の詳しい見方は第5章で解説します．

　C言語のプログラムも実行するとプロセスになっています．プログラム sleep.c で確認してみましょう．

▶ Exercise 3.2 sleep.c と実行結果

```
/////// sleep.c ///////
1  int main(){
2    sleep(10);
3  }
```

```
$ ./sleep &          &を忘れないように！
$ ps
  PID  TTY       TIME    CMD
 2021  pts/0   00:00:00  bash
 2030  pts/0   00:00:00  sleep
 2031  pts/0   00:00:00  ps
$
```

　このプログラムを実行すると 10 秒間停止します．ただし，実行結果のように & をつけて実行するようにしてください（理由は 5.3.3 項で説明します）．そのあと 10 秒以内に ps コマンドを入力してみましょう．すると，今度は sleep というプログラムがプロセス ID：2030 で存在していることがわかります．10 秒以上たってから ps を再度実行すると，このプロセスは消えていると思います．プログラムもプロセスとして実行されていることが実感できたでしょうか？　この例のようにコンパイルして実行ファイル名をシェルに入力した瞬間，プロセスが生成され，実行されます．実行が終了するとプロセスも終了します．

3.2.3　子プロセスの生成

さて，このように C 言語の実行でもプロセスが生成されていることがわかりました．次はプロセスをプログラムから生成します．まず，プログラム loop.c をみてください．

【loop.c と実行結果】

```
/////// loop.c ///////
1  #include <stdio.h>
2  int main(){
3    while(1){ printf("0¥n"); }
4    while(1){ printf("1¥n"); }
5  }
```

```
$ ./loop
0
0
0
0
0
⋮
```

この loop.c を実行すると，図 3.3 のようにプロセスとなります．プログラムをそのまま点線で囲って載せていますが，実際はコンパイルされて機械語となっています．このプログラムは，実行されている間は 0 を出力し続けます．その間はプロセスとして存在し続けます．このプログラムでは 1 は出力されません．一つめの while ループが無限ループになっているため，二つめの while は決して実行されることがないためです．しかし，もう一つプロセスを生成し，そのプロセスに二つめの while を実行させることができれば，二つの while ループを並列に実行できるようになります．なぜなら，CPU が二つのプロセスを交互に実行するからです．別プロセスをつくるには，fork システムコールを用います．システムコールとは，OS の力を借りる特別な関数のことです．呼び出し方は printf 関数や scanf 関数などと同じです[†]．そのため fork 関数とよんでもよいでしょう．ですが，OS の力を借りる特別な関数であることを表すために，関数ではなくシステムコールとよびます．

[†]関数とよばれていても関数内でシステムコールを呼び出している場合もあります．

```
int main(void){
while(1){ printf("0¥n"); }
while(1){ printf("1¥n"); }
}
```

図 3.3　loop.c プロセスのイメージ

では，サンプルプログラム fk1.c を使って解説します．まずは実行してみてくだ
さい．

▶ Exercise 3.3　fk1.c と実行結果

```
/////// fk1.c ///////
1  #include <stdio.h>
2  #include <unistd.h>
3  int main(void){
4    pid_t pid;
5    int i;
6    fork();
7    pid = getpid();
8    for(i=0;i<10;i++){
9      fprintf(stderr, "PID=%d i=%d¥n", pid, i);
10   }
11   return 0;
12 }
```

```
$ ./fk1
PID=15804 i=0
PID=15804 i=1
PID=15804 i=2
PID=15804 i=3
PID=15804 i=4        全部で 20 行表示される
PID=15805 i=0
PID=15804 i=5
PID=15805 i=1
PID=15804 i=6
  :
```

実行結果のように，15804 と 15805 の二つのプロセス ID（PID）が表示されます．
ただし，実行する環境によって PID は変わるため，みなさんの実行結果の PID はこ
こで挙げた PID と異なっているはずです．PID 15804 番が今回実行した fk1 の
PID です．すなわち，PID 15804 のプロセス上で fk1 が動作しました．実行結果を
よくみると，20 行出力されています．for ループは 10 回しかループしないはずです．

なぜ 20 行も出力されたのでしょうか？　その理由は fork() にあります．fork シ
ステムコールの書式を Function 3.1 に示します．

Function 3.1　　fork **システムコール** ▶ 呼び出したプロセスのコピープロセスを生
成する

書　式	#include <unistd.h> pid_t fork(void);
引　数	なし
返り値	親プロセスには子プロセスのプロセス ID 子プロセスには 0

　fk1 のプロセスを親プロセスとよびます．fork システムコールが実行されると，
親プロセスが子プロセスを生成します．子プロセスは親プロセスのコピープロセスで
す．図 3.4 にコピープロセスの生成を示します．

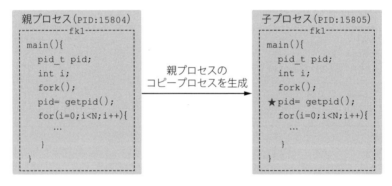

図 3.4　コピープロセスの生成

　図からわかるとおり，生成された子プロセスは親プロセスの完全なコピーです．
よって，同時刻にまったく同じプログラムのプロセスが二つ存在していることになり
ます．これは，スマートフォンでメッセージアプリとミュージックアプリを同時に使
うのと同じ状態です．生成された子プロセスにも PID が割り当てられるため，実行
結果では子プロセスの PID は 15805 となっています．
　子プロセスは fork システムコールの次の行（★）から実行がスタートします．
Exercise 3.3 の fk1.c の 7 行目では getpid 関数が実行中のプロセスの PID を返し
ます．実行結果をみると，getpid 関数が親プロセス側では 15804 を返し，子プロセ
ス側では 15805 を返したとわかります．次の for ループでは親プロセス，子プロセ
スともに 10 回ループします．そのため，実行結果のように 20 回表示されたのです．

　表示の順番に注目すると，15804 が 5 回連続したあと 15805 と交互に表示されています．基本的には二つのプロセスが並列に動作する場合，同じ量の処理が交互に実行されると思ってください．ではなぜ 15805 プロセスの実行開始が遅れてしまったのでしょうか？　それは，fork システムコールによって子プロセスを生成するのに時間がかかったためです．子プロセスを生成するまでに，親プロセスは次の処理を実行しています．その結果，15804 が複数回連続で表示されることになったのです．

　さて，もう一度 fk1 を実行してみてください．

▶ Exercise 3.3（再）　fk1.c と実行結果

```
$ ./fk1
```

実行結果が前回と異なっているはずです．異なる点は次の 2 点です．

・表示される PID
・親プロセスと子プロセスの表示のタイミング

　まず 1 点目の表示される PID が異なる理由について説明します．PID は，プロセスが生成されると割り当てられます．このとき，小さい PID から順番に割り当てられます．そのため，PID 15804 と PID 15805 のプロセスが終了したあとに，もう一度 fk1 を実行すると，PID 15806 や PID 15807 が割り当てられます．同じ PID を複数のプロセスに重複して割り当てることはできないので，存在しているプロセスの PID はとばされるのです．

　次に表示されるタイミングが異なる理由について説明します．さきほど，CPU は一つのプロセスしか動かすことができないため，複数のプロセスを並列に動かしたい場合は，動かすプロセスを短時間に切り替えています，と説明しました．いつどのタイミングで動かすかはスケジューラが決めています．そのため，実行すると異なる結果になることがあるのです．

3.3　親プロセスと子プロセスの処理の分岐

　前節の fk1.c では，親プロセスと子プロセスが実行するプログラムは同じでした．これでは子は親のコピーですから，親と同じ処理しかできません．たとえば，fk1.c の実行結果は "PID= 〜 " という表示 1 種類だけしかありませんでした．これを親プ

ロセスなら "親の PID= ～ ", 子プロセスなら "子の PID= ～ " というように, 親と子で表示内容を別々にしたいところです. 親プロセスと子プロセスに別々の処理をさせるには, fork システムコールの返り値を利用します. fork システムコールの返り値は, 親プロセス側は子プロセスの PID, 子プロセス側は 0 です. この返り値を利用してプログラムを分岐させることで, 別々の処理を簡単に実現できます. サンプルプログラム fk2.c を使って解説します. まずは実行してみてください.

▶ Exercise 3.4　fk2.c と実行結果

```
//////// fk2.c ////////
1   #include <stdio.h>
2   #include <unistd.h>
3   #define N 10
4   int main(void){
5     pid_t pid;
6     int i;
7     pid = fork();   // 子プロセスの生成
8     if(pid==0){
9       for(i=0;i<N;i++){
10        fprintf(stderr, "子プロセス i=%d\n", i);    ← 子プロセスの処理
11      }
12    }
13    else{
14      for(i=0;i<N;i++){
15        fprintf(stderr, "親プロセス i=%d\n", i);    ← 親プロセスの処理
16      }
17    }
18    return 0;
19  }
```

```
$ ./fk2
親プロセス i=0
親プロセス i=1
親プロセス i=2
親プロセス i=3
親プロセス i=4       全部で 20 行表示される
子プロセス i=0
親プロセス i=5
子プロセス i=1
親プロセス i=6
 ⋮
```

7 行目で fork システムコールを呼び出し, 子プロセスを生成します. このとき, 親プロセスの PID を 201, 子プロセスの PID を 202 とします. プロセスを図 3.5 に示します. 親プロセスの変数 pid には fork システムコールの返り値, すなわち子プ

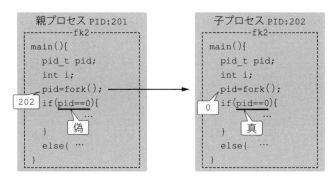

図 3.5　プロセスの生成

ロセスの PID，202 が入ります．子プロセスの変数 pid には 0 が入ります．そのため，次の if の条件判定では，親プロセスは偽，子プロセスは真となります．このことによって，親プロセスだけの処理と子プロセスだけの処理に分けることができます．

3.4　親プロセスと異なるプログラムの実行

3.4.1　親プロセスと異なるプログラムを実行する方法

　ここまで，子プロセスは親プロセスのコピーでしかありませんでした．前節のfk2.c のように，分岐文によって親と子の処理を分けることもできますが，親プロセスと異なるプログラムを実行することはできません．これは不便です．たとえば，スマートフォンの最初の画面を親プロセスとすると，まったく別のアプリは起動できないということになるからです．

　現在実行中のプログラムから，まったく別のプログラムを実行するには，execl関数や execv 関数を用います．次のサンプルプログラム exeA.c を使って解説します．このプログラムでは，コマンド ls -l（第 2 章 Exercise 2.1 参照）をプログラム内から実行します．-l オプションは，より詳細な内容を表示します．それでは実行してみてください．

▶ Exercise 3.5　exeA.c と実行結果

```
/////// exeA.c ///////
1  #include <stdio.h>
2  #include <unistd.h>
3  int main(void){
4    fprintf(stderr, "execl 実行前 ¥n");
5    execl("/bin/ls", "/bin/ls", "-l", NULL);
```

```
6      fprintf(stderr, "execl 実行後 ¥n");
7      return 0;
8  }
```

```
$ ./exeA
execl 実行前
（ファイル一覧が表示される）
$
```

　実行結果をみると，「execl 実行前」と表示されたあとにコマンド ls -l が実行されて終了しています．ls を実行したのは execl 関数です．このように，execl 関数を使えばまったく別のプログラムを実行することができます．では，execl 関数について詳しくみていきます．execl 関数の書式を以下に示します．

Function 3.2 ▶ execl 関数 ▶ 別のプログラムを実行する

書 式	#include <unistd.h> int execl (const char *path, const char *arg, …, NULL) ;	
引 数	第一引数	プログラムの実行ファイルのパス
	第二引数以降	コマンドライン引数
返り値	エラーが発生した場合のみ -1	

　まず，第一引数にはプログラムの実行ファイルのパスを入れます．コマンド ls であれば /bin/ls，コマンド pwd であれば /bin/pwd です[†]．第二引数以降は可変長引数となり決まっていません．コマンドライン引数（第2章 2.4 節参照）の数によって変わります．ただし，最後の引数は必ず NULL とします．少し難しいのでざっくりいうと，第一引数は「実行したいプログラムの場所」，第二引数以降は「プログラムの実行の仕方」となります．例を次に示します．

　例1　ls をオプションなしで実行したい場合
　　　execl("/bin/ls", "/bin/ls", NULL);
　例2　ls を -l オプション付きで実行したい場合
　　　execl("/bin/ls", "/bin/ls", "-l", NULL);
　例3　ファイル編集エディタ vim でファイル piyo.txt を開きたい場合
　　　execl("/bin/vim", "/bin/vim", "piyo.txt", NULL);

[†]実行ファイルのパスを知るには，コマンド which を使います．たとえば，ls の実行ファイルのパスを知りたければ which ls と実行します．

　網掛けの部分がコマンドライン引数に対応しています．実際に端末から実行するコマンドをカンマ区切りで並べるだけでできます．第一引数は絶対パスだけでなく相対パスでもかまいません．また，第二引数はコマンド名だけでもかまいません．上の例の第二引数をコマンド名だけで表すと，以下のようになります．

例 1'　`execl("/bin/ls",` `"ls",` `NULL);`

例 2'　`execl("/bin/ls",` `"ls", "-l",` `NULL);`

例 3'　`execl("/bin/vim",` `"vim", "piyo.txt",` `NULL);`

3.4.2　プロセスの置換

　さて，Exercise 3.5 の実行結果をみると，「execl 実行後」という文が表示されていません．これは，execl 関数で実行したプログラム ls によって exeA のプロセスが上書きされたためです．つまり，5 行目 execl 関数で ls が実行された瞬間に，それまでの exeA のプログラムは ls で上書きされてしまい，もはや 6 行目や 7 行目などは存在しなくなってしまいました．図 3.6 をみてください．プロセス（PID:201 とします）上で実行されていたプログラム exeA は，execl 関数により ls が実行された時点で，右図のように ls のプログラムに上書きされてしまいます．このことをプロセスの置換とよびます．

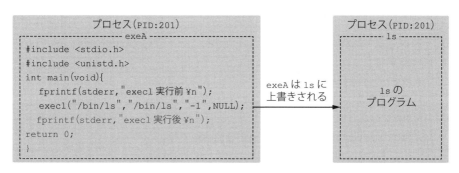

図 3.6　プロセスの置換

　それでは，本当にプロセスが置換されているのか確認してみましょう．サンプルプログラム exeB.c を使って解説します．実行すると入力待ちとなります．実行してみてください．

▶ Exercise 3.6   exeB.c と実行結果

```
/////// exeB.c ///////
1  #include <stdio.h>
2  #include <unistd.h>
3  int main(void){
4    fprintf(stderr,"execl 実行前 ¥n");
5    getchar();
6    execl("/bin/less", "less", "exeA.c", NULL);
7    return 0;
8  }
```

```
$ ./exeB
execl 実行前
（getchar 関数による入力待ち）
```

　入力待ちの状態になりましたか？　続けて，プロセスの置換の確認をしていきます．
以下の手順どおりに実行してみましょう．

【プロセスの置換の確認手順（./exeB 実行直後から）】

1. 入力待ちの状態で Ctrl+Z を押す
   （Ctrl+Z は一時停止の意味のため，exeB が一時停止します）
2. ps コマンドを実行する（exeB のプロセス ID を確認しましょう（実行結果①））
3. fg コマンドを実行する（一時停止した exeB.c に戻ります）
4. Enter キーを押す（getchar 関数は Enter キーによって入力待ちを終了します）
5. execl により less が実行され，less によりファイル exeA.c を表示する
6. Ctrl+Z を押す（less が一時停止します）
7. ps コマンドを実行する
   （手順 2 で確認したプロセス ID の CMD が exeB から less に（実行結果②））
8. fg コマンドを実行する（一時停止した less に戻ります）
9. q を押す（less を終了します．これで確認は終了です）

【実行結果①】

```
$ ps
  PID  TTY      TIME      CMD
 2021  pts/0   00:00:00   bash
 2107  pts/0   00:00:00   exeB
 2108  pts/0   00:00:00   ps
$
```

【実行結果②】

```
$ ps
  PID  TTY      TIME      CMD
 2021  pts/0   00:00:00   bash
 2107  pts/0   00:00:00   less
 2109  pts/0   00:00:00   ps
$
```

　実行結果①からわかるとおり，手順 4 が実行されるまでの間は，exeB がプロセス

ID 2107 上で実行されています. ところが, 手順 4 を実行後, execl によって less が実行されると, 同じプロセス ID 2107 上で less が実行されています (実行結果②). つまり, exeB が less で上書きされました. これがプロセスの置換です.

3.5 簡易的なシェルプログラムの作成

さて, 3.4 節まででプロセスを生成したり, 親プロセスと子プロセスの処理を分岐させたり, 別のプログラムを呼び出したりすることができるようになりました. この知識を使えば, みなさんが普段使っているシェル (第 2 章 2.3 節) を自分でつくることができます. ただし, 呼び出したプログラムによってプロセスは上書きされてしまいます. 多くの場合, 上書きされないようにするために, あらかじめ子プロセスを生成しておき, 子プロセスからプログラムを呼び出すようにしています. たとえば, OS は起動直後からさまざまなプロセスを生成し, 生成したプロセス上で別のプログラムを実行しています. シェルも同様に, コマンドやプログラムを実行するときにプロセスを生成しています. 本節では, シェルの作成を通して, Linux のシェルが普段どんなしくみで入力したコマンドを実行しているのかを学びます. サンプルプログラム shell.c を使って解説します. まずは実行してみてください.

▶ Exercise 3.7　shell.c と実行結果

```
/////// shell.c ///////
1   #include <stdio.h>
2   #include <unistd.h>
3   #include <sys/wait.h>
4   #include <stdlib.h>
5   int main(void){
6     pid_t pid;
7     int st, ret;
8     char line[256], command[256];
9     while(1){
10      fprintf(stderr, "--> ");
11      fgets(line, sizeof(line), stdin);
12      sscanf(line, "%s", command);
13      pid = fork();
14      if(pid == 0){
15        ret = execl(command, command, NULL);
16        if(ret < 0){
17          exit(0);
18        }
19      }
20      else{
```

```
21        wait(&st);
22      }
23    }
24    return 0;
25  }
```

```
$ ./shell
--> /bin/ls
(ファイル一覧が表示される)
-->
```

　実行結果のように，shell を実行後，プロンプト --> が表示され入力待ちになります．/bin/ls と入力すると，ファイル一覧が表示されます．そのあと，再び --> が表示されて次の入力を待ちます．

　プログラムを解説します．まず，プロンプトを表示したあと，fgets 関数（Function 3.3）によってキーボード（stdin）から文字列を読み込み，line に格納します（11 行目）．このとき，文字列には改行が含まれています．なぜなら，入力するとき必ず Enter キー（改行）を押すからです．この改行を取り除くため，sscanf 関数（Function 3.4）を用いて line から command へ区切り文字（空白，改行）までをコピーします．文字列は，区切り文字までを一つの文字列とするため，改行の前の文字までが command へコピーされるのです．scanf 関数と sscanf 関数の違いは入力元だけです．次のように並べてみると違いがよくわかります．

```
scanf (       "%s", command);
sscanf (line, "%s", command);
```

　scanf 関数の入力はキーボードから，sscanf 関数の入力は第一引数の配列の先頭からとなります．

Function 3.3　fgets 関数 ▶ stream から文字を最大 size-1 バイト読み込み，s に格納する

書　式	#include <stdio.h> char *fgets(char *s, int size, FILE stream);	
引　数	第一引数	文字列の格納先アドレス
	第二引数	読み込む文字数の長さの上限
	第三引数	読み込み先
返り値	成功時	char 型ポインタ変数
	失敗時	NULL

| Function 3.4 | sscanf 関数 ▶ s から入力を読み込む |

書　式	#include <stdio.h> int sscanf(const char *s, const char format, ...);		
引　数	第一引数	文字列の入力元アドレス	
	第二引数	変換指定子	
	第三引数	文字列の格納先アドレス（可変長．変換指定子の数による． scanf 関数と同様）	
返り値	入力要素の個数		

　次に，入力された /bin/ls を実行します．実行したプロセスは上書きされるため，子プロセスを作成して子プロセスに実行させます．親プロセスは子プロセスが終了するまで待つ必要があります．そうしないと，子プロセスが /bin/ls を実行する前にプロンプトが表示されてしまいます．子プロセスが終了するまで待つには，wait システムコールを用います．プログラムの 21 行目 wait(&st); をコメントにして（// wait(&st); ）実行してみてください．子プロセスの終了を待たずにプロンプトが表示されるはずです．

▶ Exercise 3.8　wait システムコールをコメント化した場合の実行結果

```
$ ./shell ─────  wait(&st); をコメントにして実行
--> /bin/ls
--> （ファイル一覧が表示される）
```

　Exercise 3.7 と 3.8 の実行結果を比較すると違いがわかります．Exercise 3.8 では，プロンプトがファイル一覧の表示よりもさきに出力されてしまっています．そのため，現在，次のコマンドの入力待ちであるにもかかわらず，プロンプトが最後に出力されていないため，子プロセスの実行中であると錯覚してしまいそうです．wait システムコールの書式を Function 3.5 に示します．引数には，整数型の変数のアドレスを指定します．

| Function 3.5 | wait システムコール ▶ 子プロセスの終了を待つ |

書　式	#include <sys/wait.h> pid_t wait(int *status);	
引　数	プロセスの状態が入る変数のアドレス	
返り値	成功時	終了した子プロセスのプロセス ID
	失敗時	-1

引数には，exit status とよばれる数値が入ります．これは，子プロセスが終了
したときの状態を表す数値です．正常に終了すれば 0 が入り，異常終了すれば 0 以
外が入ります．wait システムコールの返り値は，子プロセスのプロセス ID です．
それでは，サンプルプログラム wait.c を使って確認してみます．実行してみてく
ださい．

▶ Exercise 3.9　wait.c と実行結果

```
/////// wait.c ///////
1   #include <stdio.h>
2   #include <unistd.h>
3   #include <stdlib.h>
4   #include <sys/wait.h>
5   int main(void){
6     pid_t pid;
7     int st;
8     pid = fork();
9     if(pid == 0){
10      fprintf(stderr, "child pid=%d¥n", getpid() );
11      exit(0);
12    }
13    else{
14      fprintf(stderr, "parent pid=%d¥n", getpid() );
15      pid = wait(&st);
16      fprintf(stderr, "pid= %d st=%d¥n", pid, st);
17    }
18    return 0;
```

```
$ ./wait
parent pid=25047
child pid=25048
pid= 25048 st=0
$
```

Exercise 3.9 の実行結果から，wait システムコールの返り値は子プロセスのプロ
セス ID ということが確認できます．また，子プロセスが exit(0); (0 は正常終
了) により終了したため，変数 st 内に 0 が代入されています．exit 関数の書式を
Function 3.6 に示します．

Function 3.6　exit 関数 ▶ プロセスを終了する

書　式	#include <stdlib.h> void exit(int status);
引　数	EXIT_SUCCESS または EXIT_FAILURE (0 or 1)
返り値	なし

＜本章のまとめ＞

　本章では，重要な概念であるプロセスについて解説しました．プロセスの生成や親プロセスと子プロセスの分岐方法，別プログラムの呼び出し方法を解説しました．また，Linux のシェルの動作をする簡易的なシェルプログラムを作成しました．これで，Linux のシェルの動作がわかるようになったと思います．ただ，簡易版ですので実際のシェルとは異なる箇所がいくつかありました．たとえば，入力するコマンドが ls であれば，/bin/ls のようにパスをつけなくてはなりません．次の第 4 章では，シェルがコマンドをパスなしで実行するために使っている環境変数について説明します．

■ 章末問題 ■

3.1 次に示す q3-1.c において Hello は何回出力されるか．また，その理由を考察せよ．

```
/////// q3-1.c ///////
1  #include <stdio.h>
2  #include <stdlib.h>
3  main(){
4    fork();
5    fprintf(stderr,"Hello\n");
6    return 0;
7  }
```

3.2 次に示す q3-2.c において Hello-3! は何回出力されるか．また，その理由を考察せよ．

```
/////// q3-2.c ///////
1  #include <stdio.h>
2  #include <stdlib.h>
3  int main (void){
4    pid_t pid, pid2;
5    fprintf(stderr, "Hello-0!\n");
6    pid = fork();
7    if(pid == 0){
8      fprintf(stderr, "Hello-1!\n");
9    }
10   pid2 = fork();
11   if(pid2 == 0){
12     fprintf(stderr, "Hello-2!\n");
13   }
14   fprintf(stderr, "Hello-3!\n");
15   return 0;
16 }
```

3.3 q3-2.c に exit(0); を挿入した次のプログラム q3-3.c において，Hello-3! は何回出力されるか．また，その理由を考察せよ．

```
/////// q3-3.c ///////
1  #include <stdio.h>
2  #include <stdlib.h>
3  int main (void){
4    pid_t pid, pid2;
5    fprintf(stderr, "Hello-0!¥n");
6    pid = fork();
7    if(pid == 0){
8      fprintf(stderr, "Hello-1!¥n");
9    }
10   pid2 = fork();
11   if(pid2 == 0){
12     fprintf(stderr, "Hello-2!¥n");
13     exit(0);
14   }
15   fprintf(stderr, "Hello-3!¥n");
16   return 0;
17 }
```

3.4 親プロセスが子プロセスを二つだけ生成するプログラム fork4.c を作成せよ．ただし，子プロセスは別の子プロセスを生成しないようにすること．

【実行結果】

> 子プロセス1　←最初の子プロセスで表示
> 子プロセス2　←二番目の子プロセスで表示

3.5 execl 関数を用いて gcc -o file file.c を実行するように次のプログラム exeC.c 中の下線部を埋めよ．ただし，file.c は実際に存在するファイル名に変更すること．

```
/////// exeC.c ///////
1  #include <stdio.h>
2  #include <unistd.h>
3  int main(void){
4    execl(_____);
5  return 0;
6  }
```

3.6 execl 関数を用いて，カレントディレクトリにある適当な実行ファイルを動作させよ．

3.7 コマンド ls が実行できる execl の引数を次の (1)～(6) の中からすべて選べ．

(1) "/bin/ls", "/bin/ls", "-l", NULL

(2) "ls", "ls", NULL

(3) "/bin/ls", "/bin/ls", NULL

(4) "/bin/ls", "ls", "NULL"

(5) "/bin/ls", "ls"

(6) "/etc/bin/ls", "/etc/bin/ls", NULL

3.8 次のプログラム（shell_modify.c）のように，shell.c（Exercise 3.7）に fprintf 関数を 3 か所追加した．以下の問いに答えよ．

```
/////// shell_modify.c ///////
1   #include <stdio.h>
2   #include <unistd.h>
3   #include <stdlib.h>
4   int main(void){
5     pid_t pid;
6     int st, ret;
7     char line[256], command[256];
8     while(1){
9       fprintf(stderr, "--> ");
10      fgets(line, sizeof(line), stdin);
11      sscanf(line, "%s", command);
12      fprintf(stderr, "A¥n");
13      pid = fork();
14      if(pid == 0){
15        fprintf(stderr, "B¥n");
16        ret = execl(command, command, NULL);
17        if(ret < 0){
18          exit(0);
19        }
20      }
21      else{
22        fprintf(stderr, "C¥n");
23        wait(&st);
24      }
25    }
26    return 0;
27  }
```

(1) shell_modify.c を実行後，/bin/ls を入力した．A，B，C の出力の有無，順序を考察せよ．

(2) 存在しないコマンドを入力した場合に「そんなコマンドはありません」と表示させたい．プログラム中のどこへ fprintf 関数を挿入すればよいか考察せよ．

(3) 次の実行結果のように，"exit" と入力するとプログラムを終了するように改良せよ．
　　▶ ヒント：strcmp 関数を用いるとよい

【exit と入力した実行結果】

```
$ ./shell_modify
--> exit
$
```

▶ 第4章

環境変数

4.1 環境変数とは

4.1.1 環境変数

　第3章では，プロセスの概念や生成方法，別プログラムの呼び出しなどを解説しました．また，簡易的なシェルプログラムも作成しました．第4章では，環境変数について解説します．環境変数を理解していると，シェルの動きが詳しく理解できますし，「パスを通す」という意味が理解できるようになります．とくに，「パスを通す」ことは，Linux や Windows にソフトウェアをインストールするときに頻繁に出現します．これからみなさんが画像処理や機械学習などを活用したいと思ったときに，環境変数を理解しておくことはきっと役に立つと思います．

　環境変数とは，OS にあらかじめ用意されている変数です．C 言語でも変数を宣言して使いますね．その変数と概念は同じです．すべてのプロセスから参照することができ，ログアウトするまで有効です．さまざまな環境変数があり，各環境変数には文字や数字が入っています．環境変数をみれば，ログインユーザ名や使用している端末の種類，使用している言語などといった OS の環境がわかります．実際に確認してみましょう．確認するには env コマンドを使います．実行してみてください．

▶ Exercise 4.1　env コマンドの実行結果

```
$ env
TERM=xterm
SHELL=/bin/bash
HISTSIZE=1000

(中略)

USER=Sato
PATH=/usr/local/bin:/usr/bin:/usr/local/sbin:/usr/sbin
PWD=/home/u/sato
LANG=ja_JP.UTF-8
HOME=/home/u/Sato
$
```

いきなりたくさんの結果が表示されて驚くかもしれません．ですが，図 4.1 のように 1 行につき 1 個の環境変数が表示されているだけです．「=」を区切り文字として，左側に環境変数名，右側に環境変数の値が表示されます．この例では，環境変数 USER に Sato という文字列が入っています．C 言語で言い換えると，変数 i に 0 が入っている場合に「i=0」と表示しているのと同じです．なお，環境変数名は英大文字で表されます．

図 4.1　環境変数とその値

Exercise 4.1 では，環境変数の一覧を env コマンドで確認しました．一方，一つの環境変数の値を確認したい場合には，echo コマンドを用います．環境変数 USER の値を確認してみましょう．実行してみてください．

▶ Exercise 4.2　echo コマンドの実行結果

```
$ echo $USER
Sato
$
```

環境変数は，先頭に「$」をつけることで値を表します．そのため，「Sato」だけが表示されました．

4.1.2　環境変数の種類

次に，環境変数の種類をみていきます．代表的な環境変数を表 4.1 に示します．

表 4.1　代表的な環境変数とその内容

環境変数名	内　容
TERM	端末の種類
HISTSIZE	コマンド履歴の最大値
USER	現在のユーザ名
PATH	コマンドやプログラムを格納しているディレクトリ集合
PWD	カレントディレクトリのパス
LANG	使用言語
HOME	ホームディレクトリのパス

　各環境変数を簡単に解説します．TERM の「端末の種類」は，シェルのウィンドウ部分の種類です．Exercise 4.1 では xterm となっているので，端末 xterm 上でシェルが実行されているといえます．HISTSIZE は「コマンドの履歴の最大値」を表します．シェルでカーソルキーの「↑」を押すと過去に実行したコマンドが出力されますが，その履歴数が最大何件まで保持されるかという意味です．USER は「現在のユーザ名」を表し，PATH は次節で詳しく解説します．PWD は現在居るディレクトリの絶対パスが入っています．cd で別のディレクトリへ移動すると，自動的に PWD の値が更新されます．LANG は端末の言語を設定しており，値を変更することで日本語表記にも英語表記にもできます．HOME にはホームディレクトリの絶対パスが入っています．

▎4.2　環境変数の利用

4.2.1　環境変数 PATH

　4.1 節では環境変数とは何かを解説し，env コマンドや echo コマンドによって環境変数を確認しました．本節では，環境変数がどのように利用されているかを解説します．

　もっとも頻繁に使われている環境変数の一つに PATH があります．PATH は，シェルがコマンドを実行するときに利用されています．まずは，PATH の内容を確認してみましょう．表 4.1 で紹介したとおり，PATH の値はコマンドやプログラムを格納しているディレクトリの集合です．次のコマンドを実行してみてください．

▶ Exercise 4.3　echo $PATH の実行結果

```
$ echo $PATH
/usr/local/bin:/usr/bin:/usr/local/sbin:/usr/sbin
$
```

　実行結果中の「:」は区切り文字です．そのため，PATH 内には次の四つのディレクトリの絶対パスが保持されていることがわかります．四つのディレクトリは，図 4.2 の**太字**のディレクトリとなります．

　・/usr/local/bin
　・/usr/bin

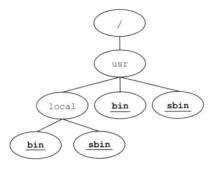

図 4.2　PATH に入っているディレクトリ

・/usr/local/sbin

・/usr/sbin

　各ディレクトリには，コマンド ls や vim，cd，cp，mv など，たくさんのコマンドの実行ファイルが格納されています．確認のため，ディレクトリ /usr/bin 内のファイル一覧を表示させてみましょう．

▶ Exercise 4.4　ls /usr/bin の実行結果

```
$ ls /usr/bin
(中略)
cat
cd
chmod
clear
cp
(中略)
ls
(中略)
$
```

　画面に収まりきらないほどの実行結果が表示されたと思います．これらのほとんどすべてが，コマンドやプログラムの実行ファイルです．アルファベット順に並んでいるので，ls や cd のファイルがあるか探してみてください．第 3 章の execl 関数の第一引数に絶対パスを記述していたのは，このディレクトリ内にある実行ファイル ls を実行せよという意味だったのです．残りの三つのディレクトリにも同様に，コマンドやプログラムの実行ファイルが格納されています．これで，PATH の説明「コマンドやプログラムを格納しているディレクトリ集合」の意味が理解できたのではと思います．

4.2.2 環境変数 PATH の利用

次に，PATH がどのようにシェルに利用されているかを解説します．シェルは，
ユーザが入力したコマンドを実行するため，コマンドと同じ名前の実行ファイルを
PATH に指定されたディレクトリ内から検索して実行します．たとえば，シェルに
ls と入力すると，PATH 内のディレクトリ /usr/local/bin 内に ls という実行
ファイルがないか検索します．あればその実行ファイルを実行し，なければ次のディ
レクトリ /usr/bin 内を検索します．/usr/bin にもなければ /usr/local/sbin
を検索し，それでもなければ /usr/sbin を検索します．すべてのディレクトリを検
索しても同じ名前の実行ファイルがなければ，「コマンドは見つかりませんでした」
と表示します．コマンドをタイプミスしたときによく表示されますね．

このように，「コマンドやプログラムの実行ファイルが格納されているディレクト
リ」が環境変数 PATH に登録されていれば，みなさんがどのディレクトリに居ても
シェルが検索して実行してくれます．たとえば，みなさんがディレクトリ /home/
student にいたとします．そこでプログラム test.c を作成しコンパイルして，実
行ファイル test を作成します．実行するときはコマンド ./test をシェルに入力し
ます．もし，環境変数 PATH に /home/student を登録すれば，みなさんがどの
ディレクトリにいても test と入力するだけで実行できるようになります．シェルが
実行ファイル test を検索するからです．環境変数 PATH に実行ファイルのあるディ
レクトリを登録することを，俗に「パスを通す」とよびます．また，どのディレクト
リにいても実行できることを「パスが通っている」とよびます．

では，実際にシェルが環境変数 PATH を検索していることを実感してみましょう．
PATH の中身をルートディレクトリにして，ls や cd を実行できなくします．次のコ
マンドを実行してみてください．

4.2.3 環境変数 PATH の値の変更

▶ Exercise 4.5　PATH = / の実行結果

```
$ echo $PATH
/usr/local/bin:/usr/bin:/usr/local/sbin:/usr/sbin
$ PATH=/
$ echo $PATH
/
$
```

最初の echo コマンドにより，現在の PATH の値を表示します．次に，PATH の値
を「/」に変更します．環境変数の値を変更するには，図 4.3 に示すようにします．

図4.3 環境変数 PATH の値を / に変更する

「$」はつけません。PATH だけでなく、ほかの環境変数の値を変更するときも同様です。たとえば、環境変数 HOME の値を /etc に変更したいときは、「HOME=/etc」と入力します。ここでは、三つ目のコマンド echo により変更できたかどうかを確認します。Exercise 4.5 の実行結果のとおり、環境変数 PATH の値が「/」だけになりました。これでシェルが検索するディレクトリが「/」だけになったことになります。この状態でコマンド「ls」や「cd」を入力してみましょう。

▶ **Exercise 4.6 ls コマンドの実行結果**

```
$ ls
そんなコマンドありません
( Command not found )
```

「ls」や「cd」の実行ができなくなったと思います。これは、シェルが「/」ディレクトリ内しか検索せず、「ls」や「cd」の実行ファイルをみつけられなかったためです。この状態は、俗に「パスが通ってない」とよばれます。では、環境変数 PATH の値を元に戻しておきましょう。

▶ **Exercise 4.7 PATH に元の値を代入する**

```
$ PATH=/usr/local/bin:/usr/bin:/usr/local/sbin:/usr/sbin
$ echo $PATH
/usr/local/bin:/usr/bin:/usr/local/sbin:/usr/sbin
```

環境変数 PATH の元の値は、Exercise 4.5 で最初に表示した値です。コピーして代入しましょう。これで再び「ls」や「cd」が実行できるようになりました。すなわち、「パスを通した」ことになります。新しくソフトをインストールした場合も、同様に「パスを通す」必要があります。たとえば、あるソフトの実行ファイルが「/home/soft」に入っていたとします。ディレクトリ soft をシェルの検索対象に加えるために、環境変数 PATH に代入します。このとき、すでに登録されている PATH の内容を消さないように追加で代入します（図4.4）。4.1 節の Exercise 4.2 で、「環

図 4.4　環境変数 PATH に追加で代入する

境変数は先頭に「$」をつけることで値を表します」と解説しました．図 4.4 では値
の箇所に $PATH と書くことで PATH の値を表し，続けて追加したい値「:/home/
soft」を記述しています．「:」は本節の Exercise 4.3 で区切り文字と解説しました．
現在の PATH の値とあらたに追加する値を区切るために必要です．では，実際に実行
してみましょう．

▶ Exercise 4.8　/home/soft を追加した場合の実行結果

```
$ echo $PATH
/usr/local/bin:/usr/bin:/usr/local/sbin:/usr/sbin
$ PATH=$PATH:/home/soft
$ echo $PATH
/usr/local/bin:/usr/bin:/usr/local/sbin:/usr/sbin:/home/soft
```

これで，シェルの検索対象ディレクトリに soft が追加されました．

4.2.4　ログイン時に自動で環境変数の値を変更する

上記の方法で，PATH に検索対象ディレクトリを追加することができました．ただ，
環境変数の値はログアウトすると失われてしまいます．試しに一度ログアウトし，再
度ログインして「echo $PATH」と実行してみてください．追加したはずの「/
home/soft」は消えているはずです．消えないようにするためには，ログイン時に
自動で環境変数の値を変更するようにしなければなりません．そのためには，
「.bashrc」というファイルにコマンドを書く必要があります．「.bashrc」は，
シェルが起動したときに自動で実行される設定ファイルです．このファイルに環境変
数の値を変更するコマンドを書いておけば，ログイン時に実行されて環境変数が変更
されます．「.bashrc」はホームディレクトリにあります．確認してみましょう．

▶ Exercise 4.9　ls -l .bashrc コマンドの実行結果

```
$ cd
$ ls -l .bashrc
-rw-r--r--  1 sato sato 748 3月19 16:59 .bashrc
```

最初の cd コマンドでホームディレクトリへ移動します．第2章 Exercise 2.5 で説明したように，cd の引数を省略するとホームディレクトリへ移動します．これで「.bashrc」の存在が確認できました．オプション「-l」や結果の見方については第6章で説明するので，いまは次に進みます．ファイル内に環境変数の変更コマンドを書いてみましょう．vim コマンドで「.bashrc」を開いたあと，最後の行に，

export PATH=$PATH:/home/soft

と追加してみてください．これで，次回のログインからは PATH に /home/soft が追加されます．export コマンドは，環境変数の値を設定するコマンドです．

4.3　悪意あるファイル

4.3.1　PATH に追加してはいけないディレクトリ

4.2 節では，環境変数 PATH の使われ方や値の変更方法を解説しました．PATH に任意のディレクトリを追加できるようになったと思いますが，追加してよいディレクトリとよくないディレクトリがあります．

PATH には信頼できるディレクトリだけを追加するべきです．ここでは追加してはならないディレクトリの例として，カレントディレクトリを考えてみましょう．カレントディレクトリを表す記号は「.」です．

環境変数 PATH にカレントディレクトリ「.」を追加すると，シェルが常にカレントディレクトリも検索してくれることになります．いままで C 言語のプログラムを実行するときに，「./test」のように「./」をつけて実行していました．「./」の意味は，「カレントディレクトリにある」という意味です．一方，PATH 内に「.」を追加すると，シェルが自動的にカレントディレクトリも検索してくれるので，「./」は省略できるようになります．確認してみましょう．

▶ Exercise 4.10　exeA の実行結果

```
$ PATH=.:$PATH
$ exeA
execl 実行前
（ファイル一覧が表示される）
$
```

　どうでしょうか？ 「./exeA」のように「./」をつけなければ実行できなかったのが，「./」なしで実行できるようになりました．いちいち「./」をつけなくてよいので便利なように思えますね．ところが，これは非常に危険なことなのです．

　たとえば，悪意のある誰かが，あなたのディレクトリのどこかにファイル名が「ls」というファイルをこっそりおいたとします．あるいは，ダウンロードしたソフトのディレクトリ内にあったとします．あなたがそのディレクトリで何気なく ls と入力するとどうなるでしょうか？ ファイル一覧が表示されるのを期待していたのに，そのディレクトリ内にあったファイル「ls」が実行されてしまいます．もし，ファイル「ls」内にファイルやディレクトリを削除するコマンドが入っていたら，あなたのすべてのファイルやディレクトリが削除されてしまいます．このようなトラブルを避けるため，カレントディレクトリは環境変数 PATH に入れてはいけません．

4.3.2　悪意あるファイルの例

　悪意あるファイルは簡単につくることができます．つくってみましょう．ただし，ファイルを削除するコマンドは，実行して本当に削除されると困りますね．ここでは，新しいディレクトリを作成するコマンドをファイルに記述してみましょう．以下のような簡単な手順でつくって確認することができます．

1. vim ls（ファイル名が ls というファイルをつくる）
2. ファイル内に mkdir TESTDIR というコマンドを 1 行書いて保存して終了する
3. chmod 777 ls というコマンドを入力する（ファイル ls に実行権を与える（詳しくは第 5 章））
4. ./ls と実行する
5. ls を実行しファイル一覧を表示すると，TESTDIR というディレクトリが作成されている

　mkdir に替えて rm * などとするとすべてのファイルが削除されますし，オプション -r や -f を付与するとより強力になります．~/ をつけてもいいですね．興味がある人はオプションや ~/ の意味を調べてみましょう．rm * より強力なコマンド

ができます．でも実行するとすべて削除されますので，実行しないでください．

4.4　絶対パスなしで実行できるシェルプログラムの作成

　第3章で作成したシェルプログラム（shell.c）では，コマンドを絶対パス（ls
であれば /bin/ls）で入力しなければ実行されませんでした．そこで，Linux に標
準で入っているシェルと同様に，環境変数 PATH を用いてコマンド名だけ入力すれば
実行できるように改良してみましょう．サンプルプログラム shell_env.c を使っ
て解説します．実行してみてください．

▶ Exercise 4.11　shell_env. c と実行結果

```
       /////// shell_env.c ///////
  1    #include <stdio.h>
  2    #include <stdlib.h>
  3    #include <sys/wait.h>
  4    #include <unistd.h>
  5    #include <string.h>
  6    int get_path(char *dir[]);
  7
  8    int main(){
  9      pid_t pid;
 10      int ret, st, i=0;
 11      char line[256], command[256], path[512], *dir[64];
 12      get_path(dir);
 13
 14      while(1){
 15        fprintf(stderr, "--> ");
 16        fgets(line, sizeof(line), stdin);
 17        sscanf(line, "%s", command);
 18        pid = fork();
 19        if(pid == 0){
 20          ret = execl(command, command, NULL);
 21          if(ret < 0){
 22            for(i=0;dir[i]!=NULL;i++){
 23              sprintf(path, "%s/%s", dir[i], command);
 24              execl(path, path, NULL);
 25            }
 26            exit(0);
 27          }
 28        }
 29        else{
 30          wait(&st);
 31        }
 32      }
```

```
33     return 0;
34   }
35   int get_path(char *dir[]){
36     char *env;
37     int i=0;
38     env = getenv("PATH");
39     dir[i] = strtok(env,":");
40     while(dir[i] != NULL){
41       i++;
42       dir[i] = strtok(NULL,":");
43     }
44     return i;
45   }
```

```
$ ./shell_env
--> ls
(ファイル一覧が表示される)
-->
```

　実行結果のように，絶対パスなしで実行できたと思います．それでは，プログラム
を解説します．アルゴリズムは以下のようになります．

　　【shell_env.c のアルゴリズム】
　　1. get_path 関数により，環境変数 PATH 内を ":" で区切り，各区切りの先頭アドレ
　　　スをアドレスの配列 dir に格納する（12 行目）
　　2. プロンプト --> を表示する（15 行目）
　　3. 入力コマンドを配列 command に代入する（17 行目）
　　4. 子プロセスを生成する（18 行目）
　　5. 子プロセス内で command を execl によって実行する（20 行目）
　　6. 手順 5 が実行されなかった場合，command 内は「絶対パスがついてなかった」ため
　　　に実行できなかったと考える．sprintf 関数（Function 4.3）を用いて dir[i] に
　　　"/" と command を連結して path に代入し，path を execl によって実行する
　　　（23，24 行目）
　　7. dir[i] で実行できなかった場合は i をインクリメントし，dir[i] が NULL にな
　　　るまで繰り返す（22 行目）
　　8. 手順 2 に戻る

　次に，利用している関数について解説します．

Function 4.1　　get_path 関数（自作）▶ 環境変数 PATH 内の各ディレクトリの先頭アドレスを格納する

書　式	int get_path(char *dir[]);
引　数	先頭アドレスが格納されるポインタの配列
返り値	PATH に格納されているディレクトリの個数

Function 4.2　　getenv 関数 ▶ 指定した環境変数の値を得る

書　式	#include <stdlib.h> char *getenv(const char *name);	
引　数	環境変数名の先頭アドレス	
返り値	指定した環境変数があったとき	環境変数の値の先頭アドレス
	指定した環境変数がなかったとき	NULL

Function 4.3　　sprintf 関数 ▶ 出力を s に書き込む

書　式	#include <stdio.h> int sprintf(char *s, const char *format, …);	
引　数	第一引数	文字列の格納先アドレス
	第二引数	変換指定子
	第三引数	文字列の入力元アドレス（可変長. 変換指定子の数による. printf 関数と同様）
返り値	書き込まれた文字数	

39, 42 行目の strtok 関数（Function 4.4）は，文字列 s1 を区切り文字 s2 で分割する関数です．少し特殊な使い方をする関数で，2 回以上呼び出します．具体的には以下のとおりです．

1. 最初の呼び出し時には，第一引数の s1 に分割対象となる文字列を指定します．区切り文字があれば先頭アドレスを返します．s1 に /bin:/usr:/etc が格納されている場合を例に挙げます．

   s1 の例

'/'	'b'	'i'	'n'	':'	'/'	'u'	's'	'r'	':'	'/'	'e'	't'	'c'	'\0'

   1 回目の呼び出し strtok(s1,":"); によって，s1[0] ('/') のアドレスが返ります．また，s1[4] に '\0' が代入されます．その結果，次のようになります．

s1 の例

'/'	'b'	'i'	'n'	'¥0'	'/'	'u'	's'	'r'	':'	'/'	'e'	't'	'c'	'¥0'

2. 2 回目以降の呼び出し時には，第一引数に NULL を指定します．次の文字列があれば
   その先頭アドレスを返します．strtok(NULL, ":"); とすることにより，次の文字
   列の先頭である s1[5] のアドレスを返します．また，s1[9] に '¥0' が代入されます．
   その結果，次のようになります．

s1 の例

'/'	'b'	'i'	'n'	'¥0'	'/'	'u'	's'	'r'	'¥0'	'/'	'e'	't'	'c'	'¥0'

3. 次の文字列がなくなったときには NULL を返します．

Function 4.4　　strtok 関数 ▶ 文字列 s1 を区切り文字 s2 で分割する

書　式	#include <string.h> char *strtok(char *s1, const char *s2);	
引　数	第一引数	分割する文字列
	第二引数	区切り文字
返り値	次の文字列があったとき	次の文字列の先頭アドレス
	次の文字列がなかったとき	NULL

＜本章のまとめ＞

　本章では，よく利用される環境変数（とくに PATH）について解説しました．冒頭
の 4.1 節で述べたように，「パスを通す」や「パスが通ってない」などの意味がわか
るようになったと思います．これで，新しくアプリをインストールする場合にパスを
通すことができるようになったのではないでしょうか．また，環境変数 PATH には信
頼できるディレクトリだけを入れる理由も理解できたかと思います．ほかにも環境変
数の値の表示方法や値の変更方法などを解説しました．最後に，自作シェルを改良し，
絶対パスなしで実行できるようにしました．次の第 5 章では，プロセスの状態につ
いて説明します．

■ 章末問題 ■

4.1　4.3 節にある悪意あるファイルのつくり方を参考に，ファイル ls を作成して ./ls と
　　　して実行し，実行されていることを確認せよ．

4.2　コマンド env を実行したところ，次のような結果が得られた．以下の問いに答えよ．

```
SSH_AGENT_PID=2262
PWD=/home/Sato/class/syspro
LANG=ja_JP.eucJP
SHELL=/bin/bash
USER=Sato
HOME=/home/Sato
TERM=xterm
PATH=/bin:/etc/bin:/usr/local/bin
```

(1) PATH に指定されているディレクトリは何か所か.

(2) HOME の値を /home/sasa/class に変更したい. コマンドを1行で書け.

(3) USER=Sato は何を表しているか.

(4) env を実行したのはどのディレクトリか.

(5) PATH に /home を追加したい. コマンドを1行で書け.

(6) (2) の実行後, コマンド cd を引数なしで実行した. どのディレクトリへ移動したか
書け. また, このことから cd と環境変数 HOME の関係を考察せよ.

4.3 以下のプログラム shell_env_modify.c のように, shell_env.c (Exercise 4.11)
に fprintf 関数を3か所追加した. 以下の問いに答えよ.

```
////shell_env_modify.c////
1   #include <stdio.h>
2   #include <stdlib.h>
3   #include <sys/wait.h>
4   #include <unistd.h>
5   #include <string.h>
6   int get_path(char *dir[]);
7
8   int main(){
9     pid_t pid;
10    int ret, st, i=0;
11    char line[256], command[256], path[512], *dir[64];
12    get_path(dir);
13
14    while(1){
15      fprintf(stderr, "--> ");
16      fgets(line, sizeof(line), stdin);
17      sscanf(line, "%s", command);
18      pid = fork();
19      if(pid == 0){
20        ret = execl(command, command, NULL);
21        if(ret < 0){
22          fprintf(stderr, "A¥n");
23          for(i=0;dir[i]!=NULL;i++){
24            sprintf(path, "%s/%s", dir[i], command);
25            execl(path, path, NULL);
26          }
27          fprintf(stderr, "B¥n");
```

```
28          exit(0);
29        }
30        fprintf(stderr, "C¥n");
31      }
32      else{
33        wait(&st);
34      }
35    }
36    return 0;
37  }
38
39  int get_path(char *dir[]){
40    char *env;
41    int i=0;
42    env = getenv("PATH");
43    dir[i] = strtok(env, ":");
44    while(dir[i] != NULL){
45      i++;
46      dir[i] = strtok(NULL, ":");
47    }
48    return i+1;
49  }
```

(1) shell_env_modify.c を実行後，ls を入力した．A, B, C の出力の有無，順序を考察せよ．

(2) 13 行目にポインタの配列 dir の中身をすべて表示する処理を追加せよ．

(3) PATH 内すべてのディレクトリを検索した結果，実行できなかった場合に，「そんなコマンドはありません」と表示するようにせよ．

▶ 第5章

プロセスの管理

5.1 プロセスの管理

　第3章ではプロセスについて説明し，あらたにプロセスを生成しました．実際に Linux では，電源ボタンが押されてからログインするまでの間に多くのプロセスが生成され，さまざまなプログラムが呼び出されています．いったいどのくらいの数のプロセスが起動しているのでしょうか？　また，プロセスは CPU によって実行されていて，複数のプロセスがある場合は実行するプロセスを短時間に切り替えていると解説しました．ということは，切り替えのときに実行されている状態のプロセスと，実行されるのを待っている状態のプロセスがあるということです．プロセスにはどのような状態があるのでしょうか？　本章ではこのような問いに答えていきます．まず，5.2 節では，Linux の起動とプロセスについて解説します．5.3 節ではプロセスの状態について解説します．5.4 節では，コマンドのオプションを扱える簡易シェルプログラムを作成します．

5.2 Linux の起動とプロセス

　さっそく，どのくらいのプロセスが起動しているのか調べてみましょう．プロセスの一覧を表示するには ps コマンドを使います．すべてのプロセスを表示するには -lax オプションをつけます．l が出力フォーマットを詳細にする，a と x がすべてのプロセスを表示するという意味です．実行してみてください（ps コマンドのオプションにはハイフンをつける方法（BSD 形式）とつけない方法があります．表示結果が異なりますが，本書では ps -lax のようにハイフンをつける方法をとります）．

▶ Exercise 5.1　ps -lax コマンドの実行結果

```
$ ps -lax
F UID PID PPID PRI  NI    VSZ  RSS  WCHAN STAT TTY   TIME COMMAND
4   0   1    0  20    0 191324 3192 ep_pol Ss   ?    4:04 /usr/lib/systemd
1   0   2    0  20    0      0    0 kthrea S    ?    2:32 [kthreadd]
1   0   3    2  20    0      0    0 smpboo S    ?    0:37 [ksoftirqd/0]
1   0   5    2   0  -20      0    0 worker S<   ?    0:00 [kworker/0:0H]
1   0   7    2 -100   -      0    0 smpboo S    ?    0:01 [migration/0]
1   0   8    2  20    0      0    0 rcu_gp S    ?    0:00 [rcu_bh]
1   0   9    2  20    0      0    0 rcu_no S    ?    0:00 [rcuob/0]
1   0  10    2  20    0      0    0 rcu_no S    ?    0:00 [rcuob/1]
1   0  11    2  20    0      0    0 rcu_no S    ?    0:00 [rcuob/2]
1   0  12    2  20    0      0    0 rcu_no S    ?    0:00 [rcuob/3]

                           (中略)
0 1415 11597 11595 20 0 118940 3572  wait Ss pts/2 0:00 bash
0 1415 15679 11597 20 0 148932 1472   -    R+ pts/2 0:00 ps -lax
$
```

　環境変数の表示結果も多かったですが，それよりさらに多くのプロセスが表示され
ます．1行につき一つのプロセスが表示されています．1行目は見出しとなっており，
13項目に分かれています．13項目のうち重要なものを解説します．表5.1をみてく
ださい．

表5.1　ps -lax コマンドの見出し

見出し	内　容
UID	ユーザ ID
PID	プロセスのプロセス ID
PPID	親プロセスのプロセス ID
NI	nice 値
STAT	プロセスの状態コード
TIME	累積 CPU 使用時間
COMMAND	コマンド名（コマンドライン引数）

　まず，PID と PPID，COMMAND をみます．PID は第3章の3.3節でプロセスのプ
ロセス ID と解説しました．PPID は親プロセスのプロセス ID です．たとえば，
Exercise 5.1 では，PID3 のプロセスの PPID は 2 となっています．よって，PID3
の親プロセスは PID2 だということがわかります．COMMAND はコマンド名です．2
行目の COMMAND 列をみてください．「systemd」という名前が表示されています．
これが Linux を起動するプログラムです．ほかのどのプロセスよりもさきに起動す
るため，PID は 1 となっています．次に起動するのは kthreadd というプロセスで，

PID は 2 となっています．systemd と kthreadd が起動したあと，Linux の起動に
必要なプロセスはすべて systemd または kthreadd が起動します．Exercise 5.1 の
4 行目以降 11 行目までの PPID の列は 2 です．つまり，それらのプロセスはすべて
kthreadd プロセスから起動されたことがわかります．

　ps -lax コマンドの親プロセスを確認してみましょう．最後の行をみると，PPID
は 11597 となっているので PID が 11597 のプロセスが親プロセスとなっています．
このプロセスの COMMAND をみると，bash となっています．bash とは，シェルのプ
ログラム名です．ps -lax コマンドは，シェルに入力して実行してもらいました．
そのため，ps -lax プロセスの親はシェルになっているのです．

　次に，NI にはプロセスに設定された nice 値が表示されます．nice 値はプロセスの
実行の優先順位を決める一つの要素です．nice 値は -20 以上 19 以下の値をとり，小
さいほど優先度が高くなります．STAT はプロセスの状態を表します．詳しくは次の
5.3 節で解説します．TIME はプロセスが CPU によって実行された累積時間です．

5.3　プロセスの状態

5.3.1　プロセスの状態

　プロセスは CPU によって実行されます．基本的に一つの CPU は一つのプロセス
しか実行できません．そのため，複数のプロセスを実行する場合は，実行するプロセ
スを短時間（ミリ秒単位）で切り替えています．切り替えるということは，実行中の
プロセスもあれば，実行が中断されて再び実行されるのを待っているプロセスもある
ということです．プロセスは，大きく四つの状態に分けられます（図 5.1）．それぞ
れ，実行中，実行可能，スリープ，ゾンビです．
親プロセスやユーザのプログラムの実行によって生成されたプロセスは，最初に実行

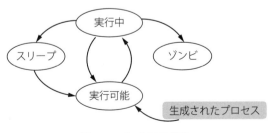

図 5.1　プロセスの状態

可能な状態となります．実行可能とは，プロセスが CPU に実行されるのを待っている状態で，CPU が割り当てられると実行中に移行します．実行中とは，プロセスが CPU によって実行されている状態のことです．通常は，プロセスが終了するまで実行中と実行可能を交替で繰り返します．スリープとは，その名前のとおり眠っているプロセスです．たとえば，ディスクの入出力を待っていたり，ユーザからの入力を待っていたりするプロセスです．

ゾンビとは，親プロセスよりもさきに終了し，親プロセスから終了の確認を待っている状態のことです．子プロセスが消滅してしまうと親プロセスは子プロセスが正常に終了したのかどうかがわからなくなってしまいます．そのため，子プロセスは終了してもすぐには消滅せず，親プロセスが確認するまでの間だけゾンビとなって待ちます．親プロセスが確認すれば子プロセスは消滅します．

5.3.2　プロセスの状態の確認

ここで，実際のプロセスの状態を確認してみましょう．Exercise 5.1 で入力した ps -lax の結果の STAT 列（右から 4 列目）をみてください．STAT に表示されるプロセスの状態コードの一部を表 5.2 に示します．

表 5.2　プロセスの状態コードの一部

状態コード	内　容
R	実行中または実行可能状態
S	割り込み可能なスリープ状態
D	割り込み不可能なスリープ状態
Z	ゾンビ状態

PID1 のプロセスの状態は，STAT をみると「Ss」となっています．つまり，スリープ状態 S です．右側に小文字 s がついていますが，詳しくなりすぎるためここでは言及しません．PID15679 のプロセスの状態は「R+」となっています．つまり，実行中または実行可能状態です．これは，ps -lax を実行したプロセスのため，画面に結果を表示するまでは実行中または実行可能状態となっています．しかし，みなさんが結果を確認したときにはすでに消滅しています．試しに再度 ps -lax を実行してみてください．PID15679 のプロセスはもう表示されません．

5.3.3　ゾンビ状態のプロセス

みなさんの ps -lax の結果内にゾンビ状態のプロセスはあるでしょうか？　プログラムが正常に動作していれば，ゾンビ状態として残り続けることはありません．そ

のため，たいていの場合はゾンビ状態となっているプロセスはみつからないと思います．ここでは，確認のため，あえてゾンビ状態となるプログラムを作成して実行してみます．サンプルプログラム zombie.c を使って解説します．実行してみてください．実行は「./zombie」とするのではなく「./zombie &」のように & をつけることを忘れないでください．& をつけると，プログラムが終了していなくても次のコマンドが入力できるようになります．試しに & をつけずに実行してみると，プログラムが止まったままプロンプト $ が表示されません．& をつけるとプログラムを "裏側"（バックグラウンド）で実行させることができるため，すぐに "表側"（フォアグラウンド）にプロンプトが表示されて次のコマンドが入力できるようになります．

▶ Exercise 5.2　zombie.c と実行結果

```
/////// zombie.c ///////
1  #include <stdio.h>
2  #include <stdlib.h>
3  #include <sys/wait.h>
4  #include <unistd.h>
5  int main(){
6    pid_t pid;
7    int st;
8    pid = fork();        ←── 子プロセスの生成
9    if(pid == 0){
10     exit(0);
11   }
12   else{
13     sleep(20);         ←── 20 秒間のスリープ状態→親プロセスは wait システムコール
14     wait(&st);              を実行していないため子プロセスの終了を確認できない
15     fprintf(stderr, "正常終了\n");
16   }
17   return 0;
18 }
```

```
$ ./zombie &         ←── & を忘れないように！
$ ps -lax            ←── 20 秒以内に入力すること
F  UID   PID  PPID  …（省略）… STAT TTY   TIME COMMAND
…（中略）…
0  1000  5667  5441  …（省略）… S    pts/4 0:00 ./zombie
1  1000  5671  5667  …（省略）… Z    pts/4 0:00 [zombie] <defunct>
0  1000  5682  5441  …（省略）… R+   pts/4 0:00 ps -lax
$
```

実行結果の下 3 行をみてください．COMMAND の列に「./zombie」と「[zombie] <defunct>」と「ps -lax」が表示されているはずです．「[zombie]<defunct>」プロセスの PPID は 5667 となっており，PID5667 は「./zombie」プロセスです．

よって，「[zombie]<defunct>」は「./zombie」の子プロセスであることがわかります．STAT列をみると，「./zombie」プロセスはSで，「[zombie]<defunct>」プロセスはZとなっています．つまり，子プロセス「[zombie]<defunct>」がゾンビ状態になっていることが確認できます．

　それでは，このzombie.cによってなぜゾンビ状態のプロセスが生成されるかを解説します．そもそも子プロセスがゾンビ状態になるのは，親プロセスが子プロセスの終了を確認したいからです．確認するにはwaitシステムコール（Function 3.5）を用います．親プロセスは，waitシステムコールを実行して子プロセスが終了するのを待ちます．子プロセスが終了すると，親プロセスはwaitシステムコールにより終了を確認でき，子プロセスは消滅します．このサンプルプログラムでは，親プロセスに子プロセスの終了を確認させないように，waitシステムコールの前でsleep関数を実行しています．

　まず，8行目fork()によって子プロセスを生成したあと，sleep(20);を実行してスリープ状態となります．生成された子プロセスは，exit(0);を実行して終了します．子プロセスは終了したので親プロセスにその確認をしてもらいたいのですが，親プロセスはwaitシステムコールを実行できていません．そのため，子プロセスはゾンビ状態となります．20秒間スリープしたあとは，親プロセスがwaitシステムコールを実行できますので子プロセスは消滅します．よって，子プロセスは20秒間だけゾンビ状態となります．

5.3.4　親プロセスが子プロセスよりもさきに終了した場合

　では，親プロセスが子プロセスよりもさきに終了してしまった場合はどうなるでしょうか？　結論からいうと，子プロセスはゾンビ状態とはなりません．親プロセスが子プロセスよりもさきに終了した時点で，子プロセスの親プロセスはsystemdプロセスに変更されます．そのため，子プロセスの終了の確認はsystemdが行い，子プロセスは消滅し，ゾンビ状態にはならないのです．実際に親プロセスが変更されるのか，サンプルプログラムcheckppid.c（Exercise 5.3）を使って確認してみましょう．実行すると入力待ちとなります．実行してみてください．

▶ Exercise 5.3 checkppid.c と実行結果

```
/////// checkppid.c ///////
1  #include <stdio.h>
2  #include <stdlib.h>
3  #include <unistd.h>
4
5  int main(){
6    pid_t pid;
7
8    pid=fork();
9    if(pid==0){
10     sleep(20);
11     fprintf(stderr, "子プロセス終了￥n");
12     exit(0);
13   }
14   else{
15     getchar();
16     fprintf(stderr, "親プロセス終了￥n");
17   }
18   return 0;
19 }
```

```
$ ./checkppid &  ——[ & を忘れないように！ ]
$
```

「./checkppid &」を実行できましたか？ 続けて，プロセスの PPID の確認をします．以下の手順どおりに実行してみましょう．ただし，手順 1 〜 4 は 20 秒以内に入力してください！

【親プロセスの変更の確認手順（./checkppid & 実行直後から）】
1. ps -lax を実行する（実行結果の下から 2 行目と 3 行目にある ./checkppid の PPID を確認しましょう（実行結果①））
2. fg コマンドを実行する（バックグラウンドで実行中の親プロセスに戻る）
3. Enter キーを押す（親プロセス終了と表示後，親プロセスが終了する）
4. ps -lax を実行する（実行結果の下から 2 行目にある ./checkppid の PPID を確認しましょう（実行結果②））

【実行結果①】

```
$ ./checkppid &
$ ps -lax
F   UID   PID  PPID  … （省略）…   COMMAND
… （中略）…
0  1000 22201  5441  … （省略）…   ./checkppid      ← 親プロセス
1  1000 22205 22201  … （省略）…   ./checkppid      ← 子プロセス
0  1000 22216  5441  … （省略）…   ps -lax
$
```

【実行結果②】

```
$ fg
  （Enter キーを押す）
親プロセス終了
$ ps -lax
F   UID   PID  PPID  … （省略）…   COMMAND
… （中略）…
1  1000 22205     1  … （省略）…   ./checkppid   ← 子プロセス. これの親プロセスは PID1,
0  1000 22229  5441  … （省略）…   ps -lax          すなわち systemd になっている
$
```

　1 度目の ps -lax の結果をみてください（実行結果①）. プロセス ID22201 が親
プロセス, プロセス ID22205 が子プロセスということがわかります. なぜなら, プ
ロセス ID22205 の親プロセス ID(PPID) が 22201 となっているからです. 次に,
親プロセスを子プロセスよりもさきに終了させます. 子プロセスは 20 秒間スリープ
しているので, 20 秒以内に親プロセスを終了させます. 手順 2 と 3 によって親プロ
セスが終了します. 2 度目の ps -lax の結果をみてください（実行結果②）. 親プロ
セスであるプロセス ID22201 が消滅しました. 子プロセスであるプロセス
ID22205 は依然として存在しています. その親プロセス ID をみてみましょう. 実
行結果①ではプロセス ID22201 だったのがプロセス ID1 に変更されています. プロ
セス ID1 は systemd です. これで, 親プロセスがさきに終了すると, 子プロセスの
親プロセスが systemd に変更されることがわかったと思います. このあと, 子プロ
セスが終了した場合は, systemd が子プロセスの終了を確認するため, ゾンビ状態
とはならないのです.

5.4 簡易的なシェルプログラムの作成

5.4.1 オプション付きコマンドが実行できるシェルの作成

　さて，第4章までで作成したシェルプログラムでは，コマンドは実行できてもオプションがついたコマンドは実行できませんでした．オプション付きコマンドとは，たとえば，ls なら -l オプションをつけて「ls　-l」と実行したり，ps なら -lax オプションをつけて「ps　-lax」と実行したりするものです．本節では，オプション付きのコマンドが実行できるシェルを作成します．それでは，サンプルプログラム shell_option.c を使って解説します．まずは実行してみてください．

▶ Exercise 5.4　shell_option.c と実行結果

```
/////// shell_option.c ///////
1   #include <stdio.h>
2   #include <stdlib.h>
3   #include <sys/wait.h>
4   #include <unistd.h>
5   #include <string.h>
6   int get_arg(char *c, char *arg[]);
7   int main(){
8     pid_t pid;
9     int ret, st, i=0;
10    char line[256], command[256], *arg[32];
11    while(1){
12      fprintf(stderr, "--> ");
13      fgets(line, sizeof(line), stdin);
14      sscanf(line, "%[^\n]", command);
15
16      get_arg(command, arg);
17
18      pid = fork();
19      if(pid == 0){
20        ret = execv(arg[0], arg);
21        if(ret < 0){
22          exit(0);
23        }
24      }
25      else{
26        wait(&st);
27      }
28    }
29    return 0;
30  }
31  int get_arg(char *c, char *arg[]){
32    int i=0;
```

```
33      arg[i] = strtok(c, " ");
34      while(arg[i] != NULL){
35        i++;
36        arg[i] = strtok(NULL, " ");
37      }
38      return i;
39  }
```

```
$ ./shell_option
--> /bin/ls -l
（ファイルの詳細な一覧が表示される）
-->
```

　実行結果のように，コマンドがオプション付きで実行できたと思います．それでは，プログラムを解説します．アルゴリズムは以下のようになります．

【shell_option.c のアルゴリズム】
1. プロンプト --> を表示する（12 行目）
2. 入力されたオプション付きのコマンドを配列 command に代入する（14 行目）
3. get_arg 関数により，配列 command 内を " " (スペース) で区切り，各区切りの先頭アドレスをアドレスの配列 arg に格納する（16 行目）
4. 子プロセスを生成する（18 行目）
5. 子プロセス内で入力コマンドを execv によって実行する（20 行目）
6. 手順 5 が実行されなかった場合は子プロセスはすぐに終了する（22 行目）
7. 親プロセスは子プロセスの終了を待つ（26 行目）
8. 手順 1 に戻る

　基本的な流れは 3.5 節で解説した shell.c と同じです．異なるのは手順 2 と 3, 5 です．以下で詳しく説明します．

5.4.2　配列 command をスペースで区切る
　手順 2 では，shell.c と比べると，14 行目の第二引数が "%s" から "%[^\n]" に変わっています．%s では改行やスペースなどの区切り文字までしかコピーされませんでした．しかし，オプション付きのコマンドはスペースも含みますので，改行以外をコピーするように変更しました．まず，手順 3 では get_arg 関数を作成して入力されたコマンドをスペース区切りにしています．get_arg 関数の書式は Function 5.1 のとおりで，第一引数にはコマンドの入った配列のアドレス，第二引数には区切られたコマンドの先頭アドレスが入るポインタの配列を指定します．

Function 5.1 `get_arg` 関数（自作）▶ 配列内の文字列をスペース区切りにして各先頭アドレスを格納する

書　式	`int get_arg(char *c, char *arg[]);`	
引　数	第一引数	コマンドの入った配列のアドレス
	第二引数	先頭アドレスが格納されるポインタの配列
返り値	格納されたアドレスの個数	

　少し難しいので図を使って説明します．char 型配列 command[256] とポインタ配列 arg[32] を使います．shell_option を実行後，「/bin/ls -l」が入力されると下の図の状態になります．各配列内の文字は，簡単のため' 'を省略しています（例：'/' → /）．各配列の下の数字（101,102,…）はアドレスを表します．ここでは，わかりやすさを重視して 10 進数で表します．

【手順 2 のときの配列内の状態】

command[256]

/	b	i	n	/	l	s		-	l	¥0
101	102	103	104	105	106	107	108	109	110	111

arg[32]

　この状態の配列（command と arg）の先頭アドレスを get_arg 関数に渡します．get_arg 関数内では c という名前で command のアドレスを受け取り，arg という名前で arg の先頭アドレスを受け取ります．よって，get_arg 関数内では c と arg という配列名ですが，そのアドレスは main 関数内の command と arg と同じになります．関数内の 33 行目 arg[i]=strtok(c," ");で配列 c（main 関数内の配列 command）の先頭アドレス（101 番地）が返ります．同時に，配列 command 内の最初のスペース（108 番地）に ¥0 が代入されます．このときの状態を以下に示します．

【get_arg 関数内 33 行目を実行後】

command[256]

/	b	i	n	/	l	s	**¥0**	-	l	¥0
101	102	103	104	105	106	107	108	109	110	111

arg[32]

101							

次に，34 行目の arg[0]!=NULL は真となります．arg[0] には 108 が入っているからです．35 行目で i を一つ加算し，36 行目で arg[i]=strtok(NULL," ");を実行します．実行されると，次の文字列の先頭である command[8] のアドレス（109 番地）を返します．再び 34 行目で arg[1]!=NULL が真となり，36 行目で次の文字列がないため NULL を返します．その結果，以下のようになります．

【get_arg 関数終了後】

command[256]

/	b	i	n	/	l	s	¥0	-	l	¥0
101	102	103	104	105	106	107	108	109	110	111

arg[32]

101	**109**	**NULL**								

　以上のようにして，get_arg 関数により，手順 3 の「配列 command 内を " "（スペース）で区切り，各区切りの先頭アドレスをアドレスの配列 arg に格納する」という処理ができます．

5.4.3　子プロセス内で入力コマンドを実行する

　手順 5「子プロセス内で入力コマンドを execv によって実行する」について解説します．すでに 3.4 節で別のプログラムを実行する execl 関数を解説しました．execl 関数の第一引数は「実行したいプログラムの場所」，第二引数以降は「プログラムの実行の仕方」でした．たとえば，「/bin/ls -l」と実行したければ，

```
execl("/bin/ls", "/bin/ls", "-l", NULL);
```

のように書きました．下波線の部分が「プログラムの実行の仕方」でした．オプション -l をつけずに実行させたければ，execl("/bin/ls", "/bin/ls", NULL);のようになりました．

　execl 関数で問題になるのは，第二引数以降の引数の個数が「プログラムの実行の仕方」によって変化する可変長となっていることです．そのため，実行するコマンドによって引数の数が変わり，その都度 execl 関数内の第二引数以降をその数に合わせる必要が出てきます．これでは，実行したいコマンドごとに execl 関数を用意しなくてはなりません．そこで，execv 関数を使います．execv 関数の書式を Function 5.2 に示します．

Function 5.2 execv 関数 ▶ 別のプログラムを実行する

書 式	#include <unistd.h> int execl(const char *path, char *const argv[]);	
引 数	第一引数	プログラムの実行ファイルのパス
	第二引数	コマンドとオプションの先頭アドレスの配列
返り値	エラーが発生した場合のみ -1	

　第一引数は execl 関数と同じですが，第二引数が異なります．execv 関数の第二引数は一つだけで，コマンドとオプションの先頭アドレスが入った配列の先頭アドレスを受け取ります．execv 関数の使い方を理解するために，ls をオプションなしで実行した場合とオプション付きで実行した場合で確認します．

(1) ls をオプションなしで実行したい場合

　サンプルプログラム execv1.c を使って確認してみましょう．実行してみてください．

▶ Exercise 5.5　execv1.c と実行結果

```
////// execv1.c //////
1  #include <stdio.h>
2  #include <stdlib.h>
3  #include <unistd.h>
4
5  int main(){
6  char command[256], *argv[32];
7    argv[0] = "/bin/ls";
8    argv[1] = NULL;
9    execv(argv[0], argv);
10   //execl(argv[0], argv[0], NULL);
11   return 0;
12 }
```

```
$ ./execv1
(ファイル一覧が表示される)
$
```

　実行できたでしょうか？　文字列型のアドレスが入る配列 argv を宣言しておき，その先頭の要素 argv[0] に文字列 "/bin/ls" の先頭アドレスを代入します．argv[1] には，これ以上アドレスがないことを表すための NULL を代入します．execv 関数の第一引数にはコマンドの場所を表すための argv[0] を書き，第二引数

にはコマンドとオプションの先頭アドレスが入った配列の先頭アドレスを書きます．
それでは，オプション付きの場合も実行してみましょう．

(2) ls を -l オプション付きで実行したい場合

　サンプルプログラム execv2.c を使って確認してみましょう．実行してみてくだ
さい．

▶ Exercise 5.6　execv2.c と実行結果

```
///////  execv2.c  ///////
1   #include <stdio.h>
2   #include <stdlib.h>
3   #include <unistd.h>
4
5   int main(){
6     char command[256], *argv[32];
7     argv[0] = "/bin/ls";
8     argv[1] = "-l";
9     argv[2] = NULL;
10    execv(argv[0], argv);
11    //execl(argv[0], argv[0], argv[1], NULL);
12    return 0;
13  }
```

```
$ ./execv2
（ファイルの詳細な一覧が表示される）
$
```

　着目してほしいのは，argv の要素数にかかわらず，execv 関数の引数は 2 個
(argv[0] と argv) のままという点です．これが execl 関数との違いです．
　execv2.c プログラム中の execv 関数の下に，コメントとして execl 関数の場
合のプログラムを書いています．execl 関数の場合では，引数の数が四つです．
execv1.c プログラム中の execl 関数の場合では，引数が三つです．オプションが
増えると，それに合わせて引数を増やして，再度プログラミングする必要が出てしま
います．

<本章のまとめ>

　本章では，プロセスの管理について解説しました．電源ボタンが押されてから
Linux にログインするまでの間に多くのプロセスが起動していることを，ps コマン
ドによって確認しました．また，基本的には一つの CPU が一つのプロセスを実行す

ること，そのため複数のプロセスが存在している場合は，それぞれ実行中や実行待ちなど，状態が異なっていることを解説しました．とくに，ゾンビ状態のプロセスが生成されてしまう条件を zombie.c プログラムによって確認したり，親プロセスが子プロセスよりさきに終了してしまった場合の PPID を確認したりしました．最後に，コマンドのオプションを扱える簡易シェルプログラムも作成しました．次の第 6 章では，ファイルシステムについて解説します．

■ 章末問題 ■

5.1 コマンド ps -lax を実行したところ，次のような結果が得られた．以下の問いに答えよ．

```
UID    PID    PPID   NI    STAT   TIME    COMMAND
 0     1      0      0     S      00:00   init
 0     4      1      9     S      00:00   events
500    2283   1      0     S      00:01   bash
500    2285   2283   7     S      00:16   emacs
500    2287   2283   -10   O      05:33   ./random
500    2289   2283   3     S      00:00   ./zombie
500    2290   (①)    3     (②)    00:00   zombie <defunct>
500    2293   1      0     S      00:00   bash
500    2294   2283   0     R      00:00   ps -lax
```

(1) ゾンビ状態になっているプロセスはどれか．プロセス ID を書け．
(2) コマンド ps -lax の親プロセスのコマンド名を書け．
(3) ①に入るプロセス ID を書け．
(4) ②に入る文字を書け．
(5) もっとも優先度が低く設定されているプロセスはどれか．コマンド名を書け．
(6) CPU がもっとも多く割り当てられたプロセスはどれか．コマンド名を書け．

5.2 次に示す三つのプログラムにおいて，子プロセスが 1 秒以上ゾンビ状態になるかどうか答えよ．また，ゾンビ状態になる場合もならない場合もその理由を説明せよ．

```
/////// q5-1.c ///////
1   int main(){
2     int i;
3     pid_t pid;
4     pid = fork();
5     if(pid == 0){
6       sleep(10);
7       exit(1);
8     }
9     else{
10      wait(&i);
11    }
```

```
12    return 0;
13  }
```

```
/////// q5-2.c ///////
1  int main(){
2    int i;
3    pid_t pid;
4    pid = fork();
5    if(pid == 0){
6      sleep(1);
7    }
8    else{
9      exit(1);
10     wait(&i);
11   }
12   return 0;
13 }
```

```
/////// q5-3.c ///////
1  int main(){
2    int i;
3    pid_t pid;
4    pid = fork();
5    if(pid == 0){
6      exit(1);
7    }
8    else{
9      sleep(10);
10     wait(&i);
11   }
12   return 0;
13 }
```

5.3 execv 関数を用いて，カレントディレクトリにある適当な実行ファイルを動作させよ．

▶ 参考：Exercise 5.5, 5.6

5.4 shell_option.c (**Exercise 5.4**) に fprintf 関数を 2 か所 (①と②) 追加した shell_option_modify.c がある．以下の問いに答えよ．

```
/////// shell_option_modify.c ///////
1  #include <stdio.h>
2  #include <stdlib.h>
3  #include <sys/wait.h>
4  #include <unistd.h>
5  #include <string.h>
6  int get_arg(char *c, char *arg[]);
7
8  int main(){
9    pid_t pid;
10   int st, i=0;
11   char line[256], command[256], *arg[32];
```

```
12
13    while(1){
14        fprintf(stderr, "--> ");
15        fgets(line, sizeof(line), stdin);
16        sscanf(line,"%[^\n]",command);
17        fprintf(stderr, "=%s=\n", command);  // ①
18        get_arg(command, arg);
19        fprintf(stderr, "=%s=\n", command);  // ②
20        pid = fork();
21        if(pid == 0){
22          if(execv(arg[0], arg)<0){
23            exit(0);
24          }
25        }
26        else{
27          wait(&st);
28        }
29      }
30      return 0;
31  }
32
33  int get_arg(char *c, char *arg[]){
34      int i=0;
35      arg[i] = strtok(c," ");
36      while(arg[i] != NULL){
37        i++;
38        arg[i] = strtok(NULL," ");
39      }
40      return i;
41  }
```

(1) shell_option_modify.c を実行後，/bin/cal 7 2018 を入力した．①の出力結果と②の出力結果を予想して書け．

(2) 18 行目 get_arg(command, arg); の直後に，ポインタの配列 arg の中身をすべて表示する処理を追加せよ．

▶ 第6章

ファイルシステム

6.1　ファイルシステムとは

　本章では，ファイルシステムについて解説します．ファイルシステムとは，OS が
ファイルを管理するためのしくみです．ファイルシステムがあるおかげで，ハード
ディスク上のデータがファイルとしてみえるようになります．例を図 6.1 に示します．

図 6.1　データがファイルの形で表示される例

　6.2 節では，ファイルシステムの解説に加えて，ハードディスクやパーティション
について解説します．コマンドによるパーティションの情報の確認や自作プログラム
による確認を行います．6.3 節では，ファイルシステムの構造について解説します．
6.4 節では，ファイルシステムがどのようにハードディスク上のデータにアクセスし
ているのかを解説します．6.5 節では，ファイルのパーミッションについて解説しま
す（現行のファイルシステムは ext4 というものですが，元は ext2 であり，基本は
変わらないため，本章では ext2 の解説をします）．

6.2　ファイルシステムとパーティション

6.2.1　パーティション

　前節で，ファイルシステムは OS がファイルを管理するためのしくみといいました．私たちは，常にファイルシステムを介してファイルを作成しています．たとえば，ユーザがエディタでプログラムや画像のデータを作成すると，これらを保存する必要がありますね．保存するときは，必ずファイル名を決めなくてはなりません．データはハードディスクのどこかに保存されます．ハードディスクというのは，PC 内部のデータを記録する装置です．スマートフォンの内部にも，フラッシュメモリとよばれるデータを記録する装置が入っています．ユーザがエディタで編集したいファイルを開くと，ファイルシステムが自動的にそのファイル名をもとにデータが保存されているハードディスクの場所を探してくれるため，そのファイルのデータを表示することができます．普段何気なくファイルを保存したり，ファイルを開いたりしていましたが，その裏では，ファイルシステムがファイル名とハードディスク上のデータを仲介してくれていたのです（図 6.2）．

図 6.2　ユーザとファイルシステムの関係

　さて，ハードディスクは，1 台でも記憶容量が 500GB だったり 1TB だったりと大容量なのが特長です．この容量を小分けせずに使うことはあまりよくありません．できれば，500 GB なら 100 GB，200 GB，200 GB と三つくらいに仕切りたいところです（図 6.3）．これはお弁当箱とよく似ています．大きなお弁当箱に仕切りがないと，ご飯とおかずが混ざりやすいですね．いくつか仕切りがあったほうが料理を入れやすくなりますし，混ざるようなことが減ります．このハードディスク内の仕切りのことを「パーティション」とよびます．オフィスや待合室にある間仕切りと同じです．ハードディスクもパーティションで区切ります．ただし，お弁当箱の仕切りや間仕切りのように物理的な仕切りがあるわけではありません．

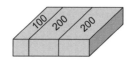

図 6.3　500GB のハードディスクを
パーティションで区切るイメージ

　ハードディスクをパーティションで区切っていくつかの領域に分けることには，次のような利点があります．

【ハードディスクをパーティションで区切る利点】
　・OS の領域とユーザの領域を分けることができる
　・ある領域で読みとりエラーが起きても，ほかの領域では読みとれる

　まず，一つ目ですが，OS を入れ替えたくなった場合，OS の領域に再インストールすればよく，ほかの領域には影響が出ることはありません．また，バックアップしたいときも，ユーザの領域だけバックアップできますね．次に二つ目ですが，ある領域で不具合が発生してデータを読みとれなくなった場合にも，ほかの領域には影響が出ないため，読みとることができます．もし，500 GB のハードディスクをパーティションで区切らずに使っていた場合，不具合が発生すると，500 GB のデータすべてを読みとることが困難になってしまいます．

6.2.2　ファイルシステムのマウント
　ハードディスクをパーティションで区切る理由が理解できたでしょうか？　ファイルシステムは，パーティションで区切られた領域ごとに独立して作成されます．そのため，ある領域から別の領域のファイルをみることはできません．しかし，これでは非常に不便であるため，PC の起動時にすべての領域のファイルシステムを統合して一つのファイルシステムとしています．このようにファイルシステムとファイルシステムを統合することをマウントとよびます．このとき，最初にマウントされたファイルシステムをルートファイルシステムとよび，以降はルートファイルシステムにほかのファイルシステムを追加することになります．マウントの例を図 6.4 に示します．図 6.4 では，パーティション A と B と C があり，パーティション A にパーティション B と C をマウントします．パーティション B はパーティション A の /home にマウントし，パーティション C はパーティション A の /usr にマウントします．マウ

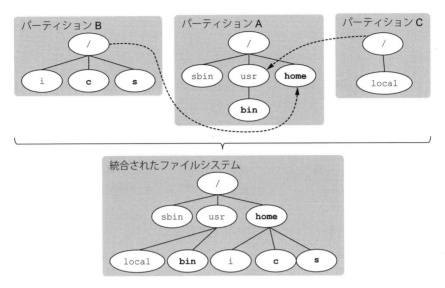

図6.4 ファイルシステムのマウント

ント後のファイルシステムは，図中の「統合されたファイルシステム」になります．
これでパーティションA，B，Cにかかわらず，どのファイルにもアクセスすること
ができます．

　ファイルシステムがマウントされるのは，PCの起動時だけではありません．PC
にUSBメモリを繋いだときも，PCのファイルシステムとUSB内のファイルシステ
ムが自動でマウントされます．USBをPCから取り外すときは，すぐにUSBを抜か
ずにPC上で安全に取り外す操作が必要ですね．それは，PCとUSB内のファイル
システムがマウントされているためです．取り外す場合は，アンマウント（マウント
解除）してファイルシステムを分離しておく必要があります．

6.2.3　パーティション情報の確認

　それでは，実際にパーティションの情報を確認してみましょう．コマンドdfを使
います．dfはハードディスクの容量を表示するコマンドです．オプション -h をつ
けるとみやすく表示してくれます．実行してみてください．

▶ Exercise 6.1　df -h コマンドの実行結果

```
$ df -h
ファイルシステム      サイズ   使用    残り    使用%   マウント位置
/dev/sda4            111G    13G    98G    12%    /
/dev/sda2            494M    118M   377M   24%    /boot
```

```
/dev/sda1            200M   9.5M   191M     5%   /boot/efi
/dev/mapper/home     549G   170G   380G    31%   /home
$
```

結果は 6 列表示され，1 列目はファイルシステムが入っているパーティションの名前，2 列目はパーティション内の容量，3 列目は使用している容量，4 列目は残り容量，5 列目は使用率，6 列目はどこにマウントしたかを表しています．たとえば，この実行結果では，パーティション sda4 の容量は 111GB あり，そのうち 13GB を使用中で使用率は 12% であることがわかります．では，次にこれらのパーティションの情報をプログラムから表示してみましょう．サンプルプログラム mydf.c を使って解説します．このプログラムでは，実行時にディレクトリを指定し，指定したディレクトリの所属するパーティションの情報を表示します．

▶ Exercise 6.2　mydf.c と実行結果

```
  ////// mydf.c //////
1  #include <stdio.h>
2  #include <unistd.h>
3  #include <stdlib.h>
4  #include <sys/vfs.h>
5
6  int main(int argc, char *argv[]){
7    struct statfs buf;
8    double gb=1024.0*1024.0*1024.0;
9    int ubs,ret;
10
11   sync();
12   ret = statfs(argv[1], &buf);
13   if(ret < 0){
14     exit(0);
15   }
16   fprintf(stderr, "%.1f GB¥n", buf.f_blocks*buf.f_bsize/gb);
17
18   ubs = buf.f_blocks-buf.f_bfree;
19   fprintf(stderr, "usedsize=%.0f GB¥n", ubs*buf.f_bsize/gb);
20   fprintf(stderr, "freesize=%.0f GB¥n", buf.f_bfree*buf.f_bsize/gb);
21   fprintf(stderr, "used rasio=%.0f %%¥n", 100.0*ubs/buf.f_blocks);
22   return 0;
23 }
```

```
$ ./mydf /
Total size=110.5 GB
Used size=13 GB
Free size=98 GB
Used rasio=12 %
$
```

　実行できたでしょうか？　mydf.cのコマンドライン引数に「/」をとっています．
そのため，ルートディレクトリの所属するパーティションの情報を表示することにな
ります．実行結果をみると，ルートディレクトリの Total size は 110.5 GB となって
います．Exercise 6.1 で df コマンドで確認したときは 111 GB でしたから，df コマ
ンドの表示結果は小数点以下を四捨五入していたことがわかります．使用率や残りサ
イズも同様です．それでは，別のパーティションの情報も表示させてみましょう．
Exercise 6.1 の結果から，/boot や /home は別のパーティションということがわか
ります．たとえば，「./mydf　/home」のように /home を指定すると，/home の所
属するパーティションの情報を表示します．

　それでは，プログラムを解説します．7 行目で statfs 構造体の変数 buf を宣言
しています．statfs 構造体はパーティションの情報が入る構造体です．表 6.1 に
statfs 構造体のおもなメンバを示します（ブロックや inode については次節で詳し
く説明します）．たとえば，f_bsize は 1 ブロックあたりのブロックサイズが入って
います．f_blocks はファイルシステムの総ブロック数が入っています．そのため，
ファイルシステムの容量を計算するには，f_bsize と f_blocks を乗算すればよい
ですね．

表 6.1　statfs 構造体のおもなメンバ

メンバ	内　容
f_type	ファイルシステムの種類
f_bsize	ブロックサイズ
f_blocks	ブロック総数
f_bfree	空きブロック総数
f_files	inode 総数
f_ffree	空き inode 総数
f_fsid	ファイルシステムの ID
f_namelen	ファイル名の最大長

　次に，11 行目 sync システムコールを使って，メモリ上のスーパーブロックの情
報をハードディスクに出力します．ファイルシステムの管理情報が格納されている領
域のことをスーパーブロックとよびます．管理情報とは，ブロックサイズや総ブロッ
ク数などのことで，statfs 構造体のメンバになっていますね．詳しくは次節で解説
します．メモリ上にある管理情報をハードディスクに出力することによって，プログ
ラムから利用できるようになります．そもそも，管理情報がハードディスクにないの
は，ハードディスクの読み書き速度がメモリよりも遅いためです．頻繁にアクセスす
る情報は，メモリ上においたほうが効率がよいのです．その次の 12 行目 statfs シ

ステムコールでは，ファイルシステムの管理情報を返します．statfs システムコールの書式を Function 6.1 に示します．

Function 6.1 statfs **システムコール** ▶ ファイルシステムの管理情報を返す

....

書　式		`#include <sys/vfs.h>` `int statfs(const char *path, struct statfs *buf);`
引　数	第一引数	任意のファイルのパスの先頭アドレス
	第二引数	statfs 構造体のアドレス
返り値	成功時	0
	失敗時	-1

第一引数には，任意のファイルのパスの先頭アドレスを指定します．第二引数には，管理情報が格納される statfs 構造体のアドレスを指定します．statfs システムコールは，そのファイルの所属するファイルシステムの管理情報を第二引数で指定した statfs 構造体へ出力します．16 行目の fprintf では，f_blocks と f_bsize を乗算して所属するファイルシステムの全容量を計算し，ギガバイト（GB）単位に変換するために gb で除算しています．18 行目は使用しているブロック数を計算しています．以降の fprintf では，使用サイズ，残りサイズ，使用率を計算し表示しています．

6.3　パーティション内のファイルシステムの構成

前節の表 6.1 で，パーティションの情報が入る statfs 構造体を紹介しました．statfs 構造体のメンバには，ブロックサイズや総ブロック数などが出てきました．パーティションはいくつかのブロックグループから構成されています．本節では，図 6.5 に示すような，パーティション内のファイルシステムの構成について解説します．

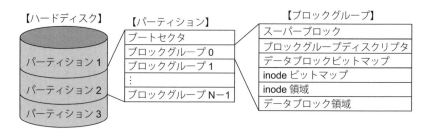

図 6.5　パーティション内のファイルシステムの構成

　ハードディスクは，セクタとよばれる記憶単位（1セクタは512バイト）に細かく分割されています．細かすぎるため，1セクタずつ読みとるのは時間がかかってしまいます．そこで，数セクタを1ブロックにまとめてしまい，ブロック単位で読みとったり書き込んだりするようにしています．1ブロックのサイズは，ファイルシステムを作成する際に決めることができます（基本は1ブロック4096バイト（8セクタ））．ファイルシステムは，パーティションごとに作成されます．図6.5では，一つのハードディスクが三つのパーティションに分割されており，それぞれにファイルシステムが入っています．一つのファイルシステムは，ブートセクタとN個のブロックグループから構成されています．ブートセクタには，PC起動用のプログラムが入っています．PCの電源ボタンを押すと，ブートセクタから起動プログラムがメモリに読みとられます．

　ブロックグループはN個に分かれています．これは，関係の深いデータを同じブロックグループにしておくことで効率よく読み書きするためです．一つのブロックグループは以下の6個の要素から構成されます．

(1) スーパーブロック

パーティション全体に関する管理情報が格納されています．前節のmydf.c内のsyncシステムコールで出力した情報は，このスーパーブロックの情報です．たとえば，空きブロックの総数や空きinodeの総数，ファイルシステムのサイズ（ブロック総数），1ブロックのサイズなどです．表6.1のstatfs構造体のメンバをみると，この管理情報が含まれていることがわかりますね．

(2) ブロックグループディスクリプタ

各ブロックグループに関する情報が格納されています．たとえば，ブロックグループ内の空きブロック総数や空きinode総数などです．

(3) inode領域

inodeが格納されています．inodeはファイルに関する管理情報を保持しています．詳しくは次節で解説します．

(4) データブロック領域

Linuxでは，ファイルデータをブロックグループ領域内のデータブロックに保存します．1ブロックのサイズよりも大きなファイルデータを保存する場合は，複数のブロックが使われます．

(5) データブロックビットマップ

データブロック領域のビットマップ情報を表します．各ブロックが使用中かフリーかを0か1のビットで保持しています．

(6) inode ビットマップ

inode 領域のビットマップ情報を表します．各 inode が使用中かフリーかを 0 か 1 の
ビットで保持しています．

6.4　inode

6.4.1　inode に格納されている情報

　ここまで，パーティション内のファイルシステムの構成について解説しました．こ
こからは，途中で出てきた inode について解説します．inode は，ファイルに関する
管理情報を保持しているデータで，ファイル 1 個に対し inode が 1 個与えられてい
ます．また，inode を識別するために inode 番号が割り当てられています．

　inode 番号は，ファイルシステムごとに一意な番号です．inode に格納されている
情報を表 6.2 に示します．ファイルの所有者やファイルのブロック数（ファイルサイ
ズ）など，そのファイルに関する情報が格納されていることがわかります．ただし，
ファイル名は含まれていません．ファイル名はディレクトリエントリが保持していま
す．これは本節の後半で解説します．

表 6.2　inode に格納されている情報

・ファイルの種類
・ファイルのアクセス権
・ファイルの所有者
・ファイルのブロック数
・inode 番号
・ファイルの最終アクセス日時
・リンク数
・ファイルデータのデータブロック領域上の位置

6.4.2　コマンドによる inode 情報の確認

　それでは，inode 領域の使用状況やファイルの inode 番号を確認してみましょう．
まず，inode 領域の使用状況を確認します．Exercise 6.1 で使ったコマンド df を使
います．df は，ハードディスクの容量を表示しました．オプション -i をつけると，
inode 領域の使用状況を表示してくれます．実行してみてください．

▶ Exercise 6.3　df -i コマンドの実行結果

```
$ df -i
ファイルシステム        Iノード        I使用        I残り    I使用%  マウント位置
/dev/sda4        115928064      300013  115628051      1%   /
/dev/sda2          512000          63    511937       1%   /boot
/dev/sda1               0           0         0        -   /boot/efi
/dev/mapper/home 575735808     4263291  571472517      1%   /home
$
```

　結果は df と同様に 6 列表示され，2 列目が用意されている inode の数，3 列目が使用中の inode 数，4 列目が未使用の inode 数となっています．未使用の inode が残っているかぎり，新規にファイルを作成することができます．

　次に，ファイルの inode 番号を確認してみましょう．ファイルの inode 番号を確認するには，ls コマンドに -i オプションをつけて実行します．実行してみてください．

▶ Exercise 6.4　ls -i コマンドの実行結果

```
$ ls -i
1078587427 toi1-2    1079002286 toi1-3    1146303747 toi1-4
1150215667 toi1-2.c  1103148293 toi1-3.c  1146303765 toi1-4.c
$
```

　ls のみを実行すると，ファイルやディレクトリの名前だけが表示されました．オプション -i をつけると，名前の左側にそのファイルの inode 番号が表示されます．この例では，toi1-2.c というファイルの inode 番号は 1150215667 番ということがわかります．

　さらに，指定したファイルの inode の内容を表示して確認してみましょう．ファイルの inode の内容を表示するには，stat コマンドを使用します．stat コマンドにはファイル名を指定します．実行してみてください．

▶ Exercise 6.5　stat コマンドの実行結果

```
$ stat toi1-2.c
  File: `toi1-2.c'
  Size: 280          Blocks: 8          IO Block: 1048576 通常ファイル
Device: 27h/39d Inode: 1150215667   Links: 1
Access: (0644/-rw-r--r--)  Uid: ( 1415/David)   Gid: ( 1415/ UNKNOWN)
Access: 2019-05-23 16:10:38.000000000 +0900 ◀─ 最終アクセス日時
Modify: 2019-05-23 16:10:34.000000000 +0900 ◀─ 最終更新日時
Change: 2019-08-05 22:42:19.613023725 +0900 ◀─ 最終ステータス
 Birth: -                                       更新日時
$
```

　toi1-2.c というファイルの inode 情報を表示できました．Size がファイルサイズ，Blocks は割り当てられたブロック数です．stat コマンドでの Blocks は 512 バイト単位で表されるため，ここではファイルシステムの 1 ブロック 4096 バイトにあたる 8 Blocks と表示されています．3 行目の Inode の項目には，Exercise 6.4 の結果と同じ 1150215667 が書かれています．7 行目 Change の項目には，ファイル情報の最終ステータス更新日時が入っています．

6.4.3　プログラムによる inode 情報の確認

　プログラムからもファイルの情報は利用できます．ファイルの情報を利用するには，stat システムコールを使います．次のプログラム（mystat.c）を実行してみてください．

▶ Exercise 6.6　mystat.c と実行結果

```
    /////// mystat.c ///////
 1  #include <stdio.h>
 2  #include <stdlib.h>
 3  #include <sys/stat.h>
 4  #include <sys/types.h>
 5  #include <unistd.h>
 6  #include <time.h>
 7
 8  int main(int argc, char *argv[]){
 9    struct stat buf;
10    time_t time;
11    int ret;
12    ret=stat(argv[1], &buf);
13    if(ret<0){
14      perror("stat");
15      exit(1);
16    }
17    printf("Size: %d byte\n", buf.st_size);
```

```
18     printf("Access: %s", ctime(&buf.st_atime));
19     printf("inode: %ld¥n", buf.st_ino);
20
21     return 0;
22  }
```

```
$ ./mystat toi1-2.c
Size: 280 byte
Access: Thu May 23 16:10:38 2019
inode: 1150215667
$
```

mystat.c の引数には，Exercise 6.5 で確認したファイル（toi1-2.c）を用いています．実行結果をみてください．当然ですが，同じファイルの情報ですので，Exercise 6.5 の結果と同じファイルサイズ，最終アクセス日時，inode 番号となっているのがわかります．では，プログラムをみていきましょう．まず，9 行目 stat 構造体の変数 buf を宣言します．ここにファイル情報が格納されます．stat 構造体のおもなメンバを表 6.3 に示します．

表 6.3　stat 構造体のおもなメンバ

メンバ	内　容
st_dev	ファイルがあるデバイスのデバイス ID
st_ino	inode 番号
st_mode	ファイルのパーミッション
st_nlink	リンク数
st_uid	所有ユーザ ID
st_size	ファイルサイズ（バイト）
st_blocks	使用ブロック数
st_atime	最終アクセス日時
st_mtime	最終更新日時
st_ctime	最終情報変更日時

その次の stat システムコールでは，ファイルの情報を返します．構造体名とシステムコール名が同じなのに注意してください．stat システムコールの書式を Function 6.2 に示します．

Function 6.2		stat システムコール ▶ ファイルの情報を返す

書　式		`#include <sys/types.h>`
		`#include <sys/stat.h>`
		`int stat(const char *path, struct stat *buf);`

引　数	第一引数	任意のファイルのパスの先頭アドレス
	第二引数	stat 構造体のアドレス
返り値	成功時	0
	失敗時	-1

　第一引数には，任意のファイルのパスの先頭アドレスを指定します．第二引数には，ファイルの情報が格納される stat 構造体のアドレスを指定します．stat システムコールは，そのファイルの情報を第二引数で指定した stat 構造体へ出力します．プログラムでは，ファイル toi1-2.c の情報を stat 構造体変数 buf に出力します．その後，stat 構造体のメンバのうち，st_size，st_atime，st_ino の三つを出力します．ただし，st_atime だけはひと手間かけて出力しています．st_atime には，最終アクセス日時が格納されます．Linux では，日時を「起点となる時間から経過した延べ秒数」として保持しています．これを Linux 時間とよびます．起点となる時間は，1970 年 1 月 1 日 0 時 0 分 0 秒です．そのため，st_atime をそのまま表示すると延べ秒数で表示されてしまい，それが何年何月なのか，みただけではわかりません．そこで，ctime 関数を使います．ctime 関数は，Linux 時間を人間にみやすい形式に変換してくれます．書式を Function 6.3 に示します．

Function 6.3		ctime 関数 ▶ Linux 時間を人間が読みやすい表記に変換

書　式		`#include <time.h>` `char *ctime(const time_t *timer);`
引　数	第一引数	Linux 時間が格納された変数のアドレス
返り値		変換後の文字列の先頭アドレス

　プログラムでは，18 行目 ctime 関数の引数が「&buf.st_atime」となっており，Linux 時間のアドレスが渡されていることがわかります．返り値は文字列のアドレスなので「%s」となっています．

6.4.4　ディレクトリ

　次に，ディレクトリについて解説します．Linux では，ディレクトリはファイルとほぼ同じ機能をもっています．ディレクトリも inode をもっていますし，データブ

ロック領域にデータを保持しています．異なる点は，ファイルがデータブロック領域にファイルデータを保存するのに対し，ディレクトリはデータブロック領域にディレクトリエントリを保存することです．ディレクトリエントリとは，ディレクトリ内のファイル名やディレクトリ名とその inode 番号などの情報のことです．本節の冒頭で，inode にはファイル名が含まれないと説明しました．ファイル名は，ディレクトリエントリに含まれているのです．表 6.4 にディレクトリエントリの項目を示します．

表 6.4　ディレクトリエントリの項目

・ファイル名に対応する inode の inode 番号
・このディレクトリエントリの長さ
・ファイル名の長さ（255 文字）
・ファイルの属性
・ファイル名

ファイル名やその inode 番号がディレクトリエントリに保存されていることがわかります．ファイル名の長さを制限しないように，ディレクトリエントリの長さも可変長になっています．

ここで，ディレクトリ名を指定するとディレクトリ内の inode 番号とファイル名を出力するプログラム（myls.c）を作成してみましょう．表示したいディレクトリのパスをコマンドライン引数に指定することで，ディレクトリエントリから inode 番号とファイル名を出力します．実行してみてください．

▶ Exercise 6.7　myls.c と実行結果

```
//////// myls.c ////////
1  #include <stdio.h>
2  #include <dirent.h>
3
4  int main(int argc, char *argv[]) {
5    DIR *dir;
6    struct dirent *de;
7
8    dir = opendir(argv[1]);
9
10   while ((de = readdir(dir)) != NULL) {
11     printf("%lu %s¥n", de->d_ino, de->d_name);
12   }
13   closedir(dir);
14   return 0;
15 }
```

```
$ ./myls .
1145817957 .
1126454307 ..
1150215667 toi1-2.c
1078587427 toi1-2
1103148293 toi1-3.c
1079002286 toi1-3
1146303765 toi1-4.c
1146303747 toi1-4
$
```

　myls.cのコマンドライン引数に「.」を指定しています．そのため，カレント
ディレクトリ内にあるファイルやディレクトリの名前とそのinode番号が表示されま
す．実行結果をみると二列表示されており，左列がinode番号，右列がファイルや
ディレクトリ名となっています．コマンド ls -i の実行結果（Exercise 6.4）と見
比べると，同じinode番号であることが確認できます．
　それでは，プログラムを解説します．5行目で，ディレクトリ構造体のアドレスが
入るポインタ変数dirを宣言しています．これはファイルを利用するときと同じで
すね．ファイルを利用するには，FILE *fp; のように宣言しました．6行目はディ
レクトリエントリのデータが入るdirent構造体の変数deを宣言しています．
dirent構造体のメンバを表6.5に示します．

表6.5　dirent構造体のメンバ[†]

メンバ	内　容
d_ino	ファイル名に対応するinodeのinode番号
d_reclen	このディレクトリエントリの長さ
d_type	ファイルの属性
d_name[256]	ファイル名

　8行目では，opendir関数を使い，指定したパスのディレクトリをオープンして
います．ディレクトリのオープンに成功すると，そのディレクトリのDIR構造体へ
のアドレスが返されて，ポインタ変数dirに格納されます．opendir関数の書式を
Function 6.4に示します．

---

†このメンバの中でd_inoとd_nameだけはLinuxの標準ですが，そのほかのメンバは標準ではないた
め，OSによって内容が異なることがあります．

Function 6.4 opendir 関数 ▶ ディレクトリをオープンする

書　式	#include <sys/types.h> #include <dirent.h> DIR *opendir(const char *name);	
引　数	任意のディレクトリのパスの先頭アドレス	
返り値	成功時	DIR 構造体へのアドレス
	失敗時	NULL

　10 行目では，readdir 関数を使い，ディレクトリを読み込みます．readdir 関数は，引数に DIR 構造体へのアドレスを指定すると，次のディレクトリエントリの dirent 構造体のアドレスを返します．ディレクトリエントリの末端に達すると NULL を返します．書式を Function 6.5 に示します．

Function 6.5 readdir 関数 ▶ ディレクトリを読み込む

書　式	#include <sys/types.h> #include <dirent.h> struct dirent *readdir(DIR *dir);	
引　数	DIR 構造体へのアドレス	
返り値	成功時	次の DIR 構造体へのアドレス 次の DIR 構造体がないとき NULL
	失敗時	NULL

　dirent 構造体の変数 de にディレクトリエントリの情報（ファイル名や inode 番号）が代入され，de が NULL でない（次のディレクトリエントリが存在する）間，真となってループします．11 行目では dirent 構造体変数 de のメンバのうち，inode 番号とファイル名を表示しています．最後は，13 行目 closedir 関数によって，オープンしたディレクトリをクローズします．これもファイルのオープンやクローズと同じですね．closedir 関数の書式を Function 6.6 に示します．

Function 6.6 closedir 関数 ▶ ディレクトリをクローズする

書　式	#include <sys/types.h> #include <dirent.h> int readdir(DIR *dir);	
引　数	DIR 構造体へのアドレス	
返り値	成功時	0
	失敗時	-1

さて，もう一度実行結果をみてください．最初の2行にカレントディレクトリを表す「.」や親ディレクトリを表す「..」が表示されていますね．すべてのディレクトリには，カレントディレクトリや親ディレクトリのディレクトリエントリが含まれています．このことによってファイルシステムの階層構造が表現されています．最後に，ルートディレクトリを指定して再度myls.cを実行してみましょう．これは，次節に関連してきます．実行してみてください．

▶ Exercise 6.8　./myls / の実行結果

```
$ ./myls /
192 .
192 ..
（以下略）
$
```

最初の2行に同じinode番号が並んだでしょうか？　本節の冒頭で，inode番号はファイルシステムごとに一意であると説明しました．ところが，実行結果をみると，カレントディレクトリと親ディレクトリのinode番号が同じ192となっています．説明と矛盾するようですが，そうではありません．ルートディレクトリにも，カレントディレクトリと親ディレクトリのディレクトリエントリが含まれています．ルートディレクトリは，ファイルシステムの頂点に位置しています．親ディレクトリはありません．そのため，親ディレクトリがルートディレクトリとなっているのです．すなわち，「カレントディレクトリ＝ルートディレクトリ＝親ディレクトリ」となっています．同じディレクトリを表していますので，同じinode番号が表示されているのです．

6.4節をまとめると，ファイルにはinodeが必ず割り当てられ，inode内にファイルの管理情報が格納されています．管理情報には，ファイルのサイズや所有者，ファイルデータのデータブロック領域上の位置，inode番号などが格納されています．ディレクトリはファイルの一種で，ファイルと異なる点は，ディレクトリエントリがデータブロック領域に保存されていることです．ディレクトリエントリとは，ディレクトリ内のファイル名とそのinode番号などのことです．次の6.5節では，ファイルにアクセスする手順について解説します．

6.5　ファイルアクセス

私たちユーザは，任意のディレクトリから任意のファイルにアクセスすることがで

きます．たとえば，カレントディレクトリが /home/david で，/home/david/piyo にあるファイル hoge.c にアクセスしたい場合，vim で hoge.c を開くには，次のようにコマンドを書きます．

```
vim piyo/hoge.c
```

このコマンドによって，ファイル hoge.c の内容が表示されます．本節では，このファイルアクセスの手順について解説します．

ファイルのデータは，データブロック領域に保存されています．このデータブロック領域のどの位置にデータがあるかは，inode に保存されています．ですので，アクセスしたいファイルの inode 番号がわかれば，ファイルのデータにアクセスできます．ファイル名とその inode 番号を保持しているのは，そのファイルが入っているディレクトリのディレクトリエントリです．ここからは，(1) アクセスしたいファイルの inode 番号の検索方法と (2) データブロック領域の検索方法の二つの処理について説明します．

(1) アクセスしたいファイルの inode 番号の検索方法

検索の起点となるディレクトリは，アクセスしたいファイルをユーザが絶対パスで指定している場合，ルートディレクトリになります．相対パスで指定している場合はカレントディレクトリになります．起点が異なるだけで，以降の検索方法は同じです．ここでは，絶対パスで指定したファイルの inode 番号の検索を例に挙げて解説します．たとえば，/bin/piyo.txt をオープンする場合，次のような手順で piyo.txt の inode 番号を得ます．イメージを図 6.6 に示します．

1. ルートディレクトリの inode 番号は決まっているため（ここでは 2 とする），inode 番号 2 の inode のデータブロック領域の位置を参照し，ルートディレクトリのディレクトリエントリを得る．
2. ルートディレクトリのディレクトリエントリ内に「bin」という名前のディレクトリがないか検索し，「bin」というディレクトリの inode 番号が 34 であることがわかる．
3. 34 番の inode のデータブロック領域の位置を参照し，「bin」のディレクトリエントリを得る．
4. 「bin」のディレクトリエントリ内に「piyo.txt」という名前のファイルがないか検索し，「piyo.txt」というファイルの inode 番号が 122 であることがわかる．
5. データブロック領域を検索し，ファイルデータにアクセスする（(2) で詳述）．

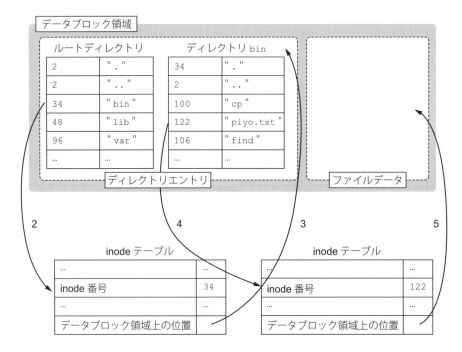

図 6.6　ファイルの inode 番号の検索方法

(2) データブロック領域の検索方法

　（1）の手順によって，アクセスしたいファイルの inode 番号が検索できました．ファイルデータを表示するには，そのファイルの inode 内のデータブロック領域上の位置から，データブロック領域を検索する必要があります．まず前提として，同じファイルデータであっても連続したデータブロックに存在するとはかぎりません．たとえば，1 ブロック 4096 バイトだとして 5000 バイトのファイルを作成した場合，2 ブロック消費しますが，それが隣接する二つのブロックであるとはかぎりません．そのため，使ったデータブロックのアドレスを一つずつ保持する必要があります．保持できるアドレスは直接ブロック（データブロックのアドレスが入っているブロック）で 12 個，間接ブロック（データブロックとの間にアドレスフィールドが一つ入っているもの）ではアドレスフィールドが 256 個あるので，すべて使うとさらに 256 個，二重間接ブロックではさらに 256 × 256 個です．図 6.7 にその様子を示します．

　小さなファイルであれば，直接ブロックだけを利用すれば済みます．直接ブロックだけでは不足する大きなファイルになると，間接ブロックを使います．それでも不足する場合は，二重間接ブロックや三重間接ブロックを用います．間接ブロックを使うような大きなサイズのファイルは，アクセス速度が低下します．そこで，現行のファ

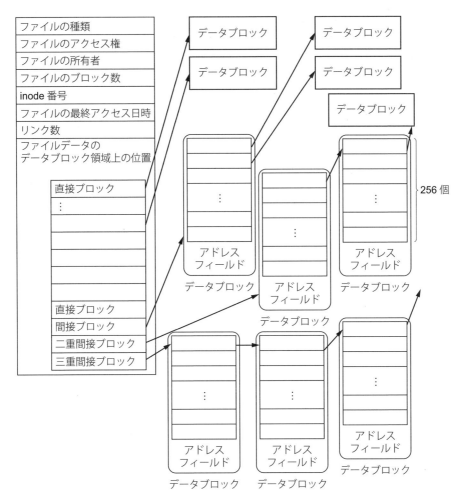

図 6.7　ファイルデータへのアクセス

イルシステム ext4 では extent とよばれる方式によって，配列のように隣接するブロックにデータを保存することでアクセス速度の低下を防ぐことができるようになっています．

6.6　ファイルの所有者とパーミッション

6.6.1　パーミッション

　Linux は，複数のユーザに使用されることを想定しています．そのため，ほかの
ユーザに勝手に自分のディレクトリをみられたり，ファイルを編集されたりするのは
避けたいところです．また，同じプロジェクトメンバーなど，一部のユーザにはファ
イルを閲覧させたいなどという場合も考えられます．Linux では，ファイルやディレ
クトリごとに，誰にどんな動作を許可するのかを決めることができます．この「誰に
どんな動作を許可するか」を設定する機構をパーミッションとよびます．本節では，
パーミッションの設定について解説します．

6.6.2　ファイル所有者の確認

　まずは，ファイルの所有者について確認しましょう．Linux では，ユーザとグルー
プという二つの単位があります．ユーザ名は Linux のログイン名と同じです．ユー
ザは一つ以上のグループに所属しており，最初はユーザ名と同じ名前のグループに所
属しています．みなさんのいまのユーザ名が何か，所属しているグループは何かを確
認してみましょう．自分のユーザ名を確認するには，whoami コマンドを使います．
実行してみてください．

▶ Exercise 6.9　whoami の実行結果

```
$ whoami
Sato
$
```

　この例では，ユーザ名が Sato とわかりました．次に，自分が所属しているグルー
プ名を確認してみましょう．groups コマンドを使います．実行してみてください．

▶ Exercise 6.10　groups の実行結果

```
$ groups
Sato
$
```

　この例では，所属しているグループ名が Sato であることがわかります．ユーザ名
と同じグループに所属していることが確認できましたね．

　すべての作成したファイルやディレクトリには，誰が所有しているかという情報が
保持されています．表 6.2 の inode に含まれている情報の中に，「ファイルの所有
者」という項目がありましたね．みなさんがいままで作成してきたプログラム，たと
えば myls.c などの所有者を確認してみましょう．確認するには ls コマンドにオプ
ション a と l をつけて実行します．実行してみてください．

▶ Exercise 6.11　ls -al の実行結果

```
$ ls -al
合計 20
drwxrwxr-x.  2 Sato Sato   32  8 月  9 17:01 .
drwxrwxr-x. 32 Sato Sato 4096  9 月  2 09:32 ..
-rwxrwxr-x.  1 Sato Sato 8728  8 月  9 11:37 myls
-rw-rw-r--.  1 Sato Sato  402  8 月  9 17:01 myls.c
$
```

　オプション a をつけると隠しファイル（ファイル名の先頭に．がつく）も表示で
きます．オプション l をつけると，ファイルのパーミッションや所有者など詳細な
情報を表示できます．オプションなしのときと比べて情報量が多いため，1 行に 1
ファイルまたはディレクトリが表示されます．最初の「合計」は，ファイルやディレ
クトリの使用している合計ブロック数です（各ファイルの使用ブロック数を確認した
い場合は，-s オプションをつけると表示されます）．表示結果の見方を説明するため，
4 行目のファイル myls の行を図 6.8 に示します．

　結果は全部で 7 列あります．1 列目がパーミッションを表します．パーミッション
の直後のドットは，SELinux というセキュリティが有効なときに作成されたかどう

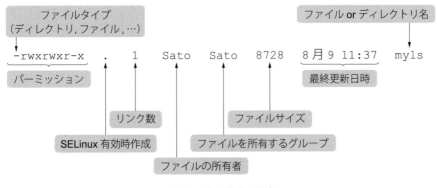

図 6.8　表示結果の見方

かを表しています．無効なときはつきません．2列目は，ファイル名からinode番号へのリンク数です．異なるファイル名から同じinodeを参照するハードリンクをした場合に，そのファイル名の数だけ増えます．通常は，1ファイルにつき一つのinodeなので1となります．3列目が所有しているユーザ名，4列目が所有しているグループ名です．すべてのファイルやディレクトリにユーザ名やグループ名があることがわかります．

6.6.3　パーミッションの見方

次に，パーミッションを解説します．パーミッションの情報は10個のビットからなっています．もっとも左のビットは，ファイルタイプを表します．ファイルであれば「-」，ディレクトリであれば「d」となります．残りの9個のビットは，三つずつ三つのカテゴリに分かれます．カテゴリは，左から順に所有者のパーミッション，グループのパーミッション，そのほかのユーザのパーミッションです．各カテゴリには文字とハイフン「-」が入ります．文字は左から順番にr，w，xがあり，文字の意味はファイルとディレクトリで異なります．表6.6にファイルでの文字の意味を示します．ハイフンはその権限をもっていないという意味です．

表6.6　ファイルにおけるパーミッションの意味

文　字	パーミッションの意味
r(read)	ファイルを読み込む権限
w(write)	ファイルに書き込む権限
x(execute)	ファイルを実行する権限

たとえば，あるファイルの所有者カテゴリにrwxが表示されていれば，ファイルを読み込んだり，書き込んだり，実行したりすることができます．読み込むことができるというのは，たとえばvimやcatでそのファイルの中身を表示できるということです．書き込むことができるというのは，vimで編集して保存ができるということです．実行することができるというのは，プログラムとして実行できるということです．たとえば，C言語のコンパイル済のファイルは実行できますね．

それでは，図6.8のファイルのパーミッションを読みとってみましょう．パーミッションだけ抜き出すと，

```
- r w x r w x r - x
  所有者  グループ そのほか
```

となっています．ファイルのため，最初のビットが「-」となっています．そして，

所有者のカテゴリには rwx のすべての文字があります．つまり，所有者はファイル
を読み書き実行する権限をもっています．次に，グループのカテゴリにも rwx のす
べての文字があります．所有者と同様に，同じグループのユーザも読み書き実行する
権限をもっています．そのほかのユーザのカテゴリは r-x となっており，w がない
ことがわかります．つまり，そのほかのユーザは，このファイルを編集したり保存し
たりすることができません．

　次に，ディレクトリのパーミッションについて解説します．ファイルと同様に
rwx の文字とハイフンからなりますが，その意味は異なります．表 6.7 にディレクト
リでの文字の意味を示します．

表 6.7　ディレクトリにおけるパーミッションの意味

文　字	パーミッションの意味
r	ディレクトリ内を閲覧する権限
w	ディレクトリ内でファイルを作成，削除する権限
x	ディレクトリ内に侵入する権限，ファイルの直接指定による読み込み権限

　r が表示されていればディレクトリ内を閲覧することができます．たとえば，ls
コマンドで一覧を得ることができます．w が表示されていれば，ファイルを作成した
り，削除したりすることができます．たとえば，vim で新規ファイルをつくったり，
rm コマンドでファイルを削除したりできます．ファイルの削除には，削除するファ
イルの書き込み権限をもっているかどうかは関係ありません．削除するファイルの書
き込み権限がなくても，ディレクトリにおいて削除する権限があればファイルを削除
することができます．x が表示されていれば，ディレクトリ内に移動することができ
ます．たとえば，cd コマンドで移動できます．

　Exercise 6.11 の結果のカレントディレクトリのパーミッションを読みとってみま
しょう．パーミッションだけ抜き出すと，

$$d \underbrace{r\ w\ x}_{\text{所有者}}\ \underbrace{r\ w\ x}_{\text{グループ}}\ \underbrace{r\ -\ x}_{\text{そのほか}}$$

となっています．ディレクトリのため，最初のビットが「d」となっています．所有者
とグループのカテゴリにはすべての文字があり，所有者とグループのユーザは，ディ
レクトリ内を閲覧したりファイルを作成したり，ディレクトリを移動したりできます．
そのほかのユーザだけは，ファイルを作成したり削除したりすることができません．

　では，パーミッションの有無を実感するために，実行権のないファイルを実行して
みましょう．Exercise 6.7 で作成した myls.c をあえて実行しようとしてみてくださ

い．コマンドラインには，実行ファイルではなく .c がついたソースファイルのほう
を入力してください．

▶ Exercise 6.12　./myls.c の実行結果

```
$ ./myls.c
bash: ./myls.c: 許可がありません
$
```

「許可がありません」，または，「permission denied」と表示されたはずです．こ
れは，myls.c のパーミッションは rw-rw-r-- となっており（Exercise 6.11），ど
のカテゴリにも実行権 x が付与されていないためです．コンパイル済みの myls の
パーミッションをみると，実行権 x が付与されていますね．そのため，./myls は実
行することができたのです．

6.6.4　パーミッションの変更方法

　では次に，パーミッションの変更方法について解説します．どのカテゴリにどの権
限を付与するか，または付与しないかはユーザが決めることができます．そのため，
ユーザはパーミッションを変更することができます．実は，みなさんはすでにパー
ミッションを変更しています．4.3 節の悪意あるファイルの作成手順 3 で「chmod
777 ls」を実行したのを覚えているでしょうか？ コマンド chmod は，change
mode の略で，パーミッションを変更することができます．chmod コマンドを試すた
めのファイルを作成しておきましょう．ここでは，ファイル名 piyo.txt を作成し
ておきます．作成後，piyo.txt のパーミッションも確認します．実行してみてく
ださい．

▶ Exercise 6.13　ls -l の実行結果

```
$ vim piyo.txt
$ ls -l
-rwxrwxr-x. 1 Sato Sato 8728  8月  9 11:37 myls
-rw-rw-r--. 1 Sato Sato  402  8月  9 17:01 myls.c
-rw-rw-r--. 1 Sato Sato    2  8月  9 17:03 piyo.txt
$
```

　piyo.txt のパーミッションを確認すると，「rw-rw-r--」となっています．この
パーミッションでは，グループのユーザに対して読み書き権限が付与されています．

グループのユーザの書き込み権限を取り消してみましょう．実行してみてください．

▶ Exercise 6.14 ls -l piyo.txt の実行結果

```
$ chmod g-w piyo.txt
$ ls -l piyo.txt
-rw-r--r--. 1 Sato Sato    2  8月  9 17:03 piyo.txt
$
```

グループのユーザの書き込み権限がなくなりました．それでは，コマンドを解説します．図 6.9 をみてください．

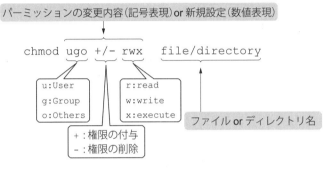

図 6.9 chmod コマンドの解説

chmod コマンドは，オプションに「パーミッションの変更内容」と「変更したいファイルまたはディレクトリ名」を指定します．パーミッションの変更内容は記号表現で表されます．記号表現は，カテゴリ種別と権限の種別，権限の付与か削除かを組み合わせます．組み合わせの例を表 6.8 に示します．

表 6.8 記号表現の組み合わせの例

例	意味
chmod o+rwx file	そのほかのユーザに読み書き実行権限を付与する
chmod go-x file	グループのユーザとそのほかのユーザの実行権限を削除する
chmod ug+rw file	所有者とグループのユーザに読み書き権限を付与する
chmod u-r file	所有者の読み込み権限を削除する

この記号表現は，ファイルの現在のパーミッションを調べてから組み合わせを考える必要があります．現在のパーミッションに関係なくそのほかのユーザの権限をすべて削除したいというような場合は，数値表現（8 進数）を使ったパーミッションの新規設定が便利です．Exercise 6.14 で変更した piyo.txt のパーミッションを，すべ

てのユーザに対して書き込み権限だけもつパーミッションに変更してみましょう．実行してみてください．

▶ Exercise 6.15　chmod 222 piyo.txt の実行結果

```
$ chmod 222 piyo.txt
$ ls -l piyo.txt
$ ./myls.c
--w--w--w-. 1 Sato Sato    2   8月  9 17:03 piyo.txt
$
```

すべてのユーザの権限が書き込みだけになりました．数値表現は8進数で指定します．rは4，wは2，xは1に対応しており，付与したい権限を各カテゴリで加算した値を組み合わせて表します．組み合わせの例を表 6.9 に示します．

表 6.9　数値表現の組み合わせの例

例	意　味
chmod 777 file	すべてのユーザに読み書き実行権限を付与する
chmod 644 file	所有者に読み書き権限，グループのユーザとそのほかのユーザに読み込み権限のみを付与する
chmod 700 file	所有者にすべての権限を付与し，グループのユーザとそのほかのユーザにはすべての権限を付与しない
chmod 000 file	すべてのユーザにすべての権限を付与しない

状況に応じて記号表現，数値表現どちらでもパーミッションを変更できるようになってください．最後に，piyo.txt のパーミッションを最初のパーミッションに戻しておきましょう．この場合は，数値表現を使ったほうが楽に変更できます．最初のパーミッションは Exercise 6.13 で確認したとおり「rw-rw-r--」です．これは数値表現で表すと 664 ですね．実行しておいてください．

6.6.5　新規ファイル・新規ディレクトリのパーミッション

さて，ファイル piyo.txt は新規に作成した状態に戻りました．新規に作成したファイルやディレクトリは，あらかじめ定められたパーミッションになっています．本書の環境ではディレクトリなら 775，ファイルなら 664 となります（Exercise 6.11 の結果）．ここでは，新規ファイルのパーミッションがどのように決まるのかを解説します．新規ファイルや新規ディレクトリのパーミッションの計算方法を図 6.10 に示します．

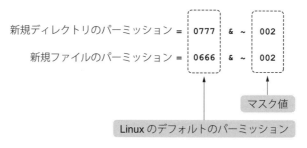

新規ディレクトリのパーミッション = 0777 & ~ 002

新規ファイルのパーミッション = 0666 & ~ 002

マスク値

Linux のデフォルトのパーミッション

図 6.10 新規ファイルや新規ディレクトリのパーミッションの計算

「Linux のデフォルトのパーミッション」と「マスク値の NOT」とを AND 演算したものが新規のパーミッションとなります．Linux のデフォルトのパーミッションは，ディレクトリなら 777，ファイルなら 666 と決まっています．このパーミッションのままでは多くの権限を与えすぎていると考え，管理者はデフォルトの任意の権限を許可しないように設定できます．権限を許可しないことを「マスクする」といいます．Linux では，マスク値を設定して新規のパーミッションを計算します．マスク値は，許可しない権限のビットを 1 とするので，NOT でビットを反転させて許可しない権限のビットを 0 にしてから，デフォルトのパーミッションと AND 演算します．これによって，マスク値の 0 のビットと同じ部分だけパーミッションが 0 となり，権限をなくすことができます．

それでは，新規ファイルのパーミッションが 664 になることを確認してみます．まずは，マスク値を確認します．マスク値を表示するには，umask コマンドを使います．実行してみてください．

▶ Exercise 6.16 umask の実行結果

```
$ umask
0002
$
```

4 桁の数字が表示されたと思います．最初の 0 は 8 進数を表します．よって，マスク値は 002 となっています．管理者によって異なりますので，ほかには 022 などとなっているかもしれません．002 は -------w- のことなので，そのほかのユーザの書き込み権限を許可しないように設定されていることがわかります．計算は図 6.11 のようになり，たしかに 664 となっています．

```
         666              110110110
      （デフォルト）              ×

         775              111111101
    （マスク値の NOT） ─────────────
                          ‖
         664              110110100
      （AND 演算結果）
```

図 6.11　新規ファイルのパーミッションの確認

　では，ファイルやディレクトリのパーミッションをプログラムから変更してみましょう．サンプルプログラム mymask.c を使って解説します．このプログラムでは，実行時にパーミッションを変更するファイルを指定します．ここでは，マスク値を 066 として所有者以外の権限を許可しないようにします．実行してみてください．

▶ Exercise 6.17　mymask.c と実行結果

```
     /////// mymask.c ///////
 1   #include <stdio.h>
 2   #include <sys/types.h>
 3   #include <sys/stat.h>
 4   #include <unistd.h>
 5
 6   int main(int argc, char *argv[]) {
 7     mode_t mode;
 8     struct stat buf;
 9     int ret;
10
11     ret = stat(argv[1], &buf);
12     if( ret<0 ){
13       perror("stat");
14       return 1;
15     }
16
17     mode = buf.st_mode & ~0066;
18
19     ret = chmod(argv[1], mode);
20     if( ret<0 ){
21       perror("chmod");
22       return 1;
23     }
24     return 0;
25   }
```

```
$ chmod 664 piyo.txt
$ ls -l piyo.txt
-rw-rw-r--. 1 Sato Sato 2  9月  2 14:37 piyo.txt
$ ./mymask piyo.txt
$ ls -l piyo.txt
```

```
-rw-------. 1 Sato Sato 2  9月  2 14:37 piyo.txt
$
```

実行できたでしょうか？ 実行の流れを説明します．まず，あらかじめパーミッションの変更対象となるファイルのパーミッションを 664 にして，そうなったことを確認しておきます．次に mymask を実行し，変更対象のファイルのパーミッションが変更されていることを確認するという流れです．

　それでは，プログラムを解説します．Exercise 6.6 のサンプルプログラム mystat.c で使った stat システムコールによって，ファイルの情報を stat 構造体変数 buf に格納します（11 行目）．ファイルのパーミッションは，stat 構造体のメンバ st_mode に格納されています．17 行目で st_mode とマスク値（066）の NOT とを AND 演算し，mode に代入します．次に，19 行目 chmod システムコールにより，第一引数のファイルのパーミッションを第二引数のパーミッションに変換します．これでプログラムからファイルのパーミッションを変更することができました．chmod システムコールの書式を Function 6.7 に示します．

Function 6.7 chmod **システムコール** ▶ ファイルやディレクトリのパーミッションを変更する

書　式	#include <sys/types.h> #include <sys/stat.h> int chmod(const char *path, mode_t mode);	
引　数	第一引数	任意のファイルのパスの先頭アドレス
	第二引数	stat 構造体のアドレス
返り値	成功時	0
	失敗時	-1

＜本章のまとめ＞

　本章では，ファイルシステムについて解説しました．密接に関係するハードディスクやパーティションについても解説し，サンプルプログラムを使ってパーティションの情報を確認しました．ファイルシステムの構造や，ファイル名からファイルデータへのアクセス方法なども解説しました．サンプルプログラムを使ってファイルの inode やディレクトリエントリの情報を表示しました．最後に，ファイルのパーミッションについて解説しました．次の第 7 章では，プロセス間通信について解説します．

■■ **章末問題** ■■

6.1 `mydf.c`（Exercise 6.2）を参考に，次の実行結果となるようなプログラム，すなわち，
（1）1 ブロックのサイズを表示，（2）空きブロック数を表示，（3）空き容量を Mbyte
単位で表示するプログラム `q6-1.c` を作成せよ．

```
$ ./q6-1 /
1 ブロックのサイズ = 4096 byte
空きブロック数   = 24029785 blocks
空き容量      = 113155.7 Mbyte
$
```

6.2 `mydf.c`（Exercise 6.2）を，（1）`./mydf /` と（2）`./mydf /home` の 2 通りのディ
レクトリを指定して実行したところ，表示結果が異なっていた．なぜ表示結果が異な
るのか理由を考察せよ．

6.3 `myls.c`（Exercise 6.7）を改良し，次の実行結果となるようなプログラム，すなわち，
実行時にディレクトリ名を指定しなかったときにカレントディレクトリの内容を表示
するようにした `q6-3.c` を作成せよ．

```
$ ./q6-3
3284363189 .
2285290587 ..
3325969086 q6-2.c
3325969070 q6-2
$
```

6.4 `myls.c`（Exercise 6.7）を改良し，次の実行結果となるようなプログラム，すなわち，
ディレクトリ内でもっとも大きい inode 番号をもつファイルまたはディレクトリ名を，
inode 番号とともに表示するプログラム `q6-4.c` を作成せよ．inode 番号を格納する変
数は `long int` 型（変換指定子は `%ld`）で宣言せよ．

```
$ ./q6-4
3325969070 q6-2
$
```

6.5 以下の問いに答えよ．

（1）USB メモリを PC に接続し，Linux に認識させよ．次に，USB 内のルートディレク
トリは Linux 内のどのディレクトリにマウントされているか確認せよ．
　　▶ヒント：`df -a` コマンドを使うとよい

（2）ホームディレクトリから USB メモリ内のディレクトリへ cd コマンドで移動してみ
よ．

6.6 次のパーミッションに関する問いに答えよ.

(1) あるファイルのパーミッションは rw-r--r-- であった. 誰にどんな権限が付与されているのか説明せよ.

(2) あるファイルのパーミッションは rw-rw-rw- であった. そのほかのユーザの r と w を剥奪したい. コマンドを 1 行で書け.

(3) あるファイルのパーミッションをあらたに rw-r----- に設定したい. コマンドを 1 行で書け.

(4) C 言語のソースファイル r1-1.c のパーミッションは -rw-r--r-- であった. gcc -o r1-1 r1-1.c のようにコンパイルしたとき, r1-1 のパーミッションを書け.

6.7 /home/i/i22/afile があり, 各ディレクトリのディレクトリエントリが (1) ～ (6) のようになっている. afile のデータブロックに絶対パスでアクセスするとき, ディレクトリエントリ (1) ～ (6) を参照する順に並び替えよ. ただし, 誤ったディレクトリエントリが混ざっている.

(1)

22	.
17	..
25	tao
26	afile

(2)

17	.
15	..
21	bin
22	i22

(3)

15	.
32	..
17	i
19	home

(4)

15	.
2	..
16	bin
17	i

(5)

2	.
4	..
14	bin
15	home

(6)

2	.
2	..
15	home
18	i

6.8. 次に示すプログラム mymask2.c（実行ファイル名 mymask2）は, マスク値を利用してファイルのパーミッションを読み込み禁止に変更するプログラムである. ただし, 読み込み禁止はそのほかのユーザに適用するものとする. 以下の問いに答えよ.

```c
/////// mymask2.c ///////
1  #include <stdio.h>
2  #include <sys/types.h>
3  #include <sys/stat.h>
4  #include <unistd.h>
5
6  int main(int argc, char *argv[]) {
7    mode_t mode;
8    struct stat buf;
9    int ret;
10
11   ret=stat(argv[1], &buf);
12   if( ret<0 ){
13     perror("stat");
14     return 1;
15   }
16   mode = buf.st_mode & ~ (A) ;
17
18   ret=chmod(argv[1], mode);
```

```
19    if( ret<0 ){
20      perror("chmod");
21      return 1;
22    }
23    return 0;
24  }
```

(1)（A）に適切なマスク値を書け.

(2) ファイルのパーミッションが変更されるのは何行目か.

(3) 次のようにプログラムを実行した. 実行後のファイル piyo.txt のパーミッション
を rwx- を用いて書け. 実行前の piyo.txt のパーミッションは rw-r--r-- とする.

```
./mymask2 piyo.txt
```

6.9   次に示す1または2のパーミッションに変更するプログラム change_mod.c を作成せ
よ. 1と2のどちらのパーミッションにするかはコマンドライン引数から取得するよ
うにすること.

　　　　パーミッション1：rwx --- ---

　　　　パーミッション2：rwx r*x ---

▶ * は無変更とする. たとえば, 元が r-- なら r-x, 元が rw- なら rwx となるようにせ
よ.

▶ 無変更は & だけでなく | も使う.

【実行結果例】

```
$ ./change_mod piyo.txt 2
$
```

6.10   mystat.c（Exercise 6.6）を参考に, コマンドライン引数から二つのファイル名を
取得して, 最終更新日時の新しいほうのファイル名を出力するプログラム mystat_
newfile.c を作成せよ.

【実行結果例】

```
$ ./mystat_newfile piyo.txt change_mod.c
change_mod.c
$
```

第7章

シグナル

7.1 プロセス間通信

　第3章でプロセスについて解説し，ps コマンドを使うことにより，多くのプロセスが存在していることが確認できました．本章では，プロセス同士の通信方法（プロセス間通信）の種類と，その一つ，シグナルについて解説します．

　そもそも，プロセスは独立して存在しているため，あるプロセスからほかのプロセスのもつ情報へアクセスすることはできません．そのため，情報共有のためのしくみが必要となります．このしくみをプロセス間通信とよびます．プロセス間通信は，同一 PC 内のプロセス間通信と，異なる PC 間のプロセス間通信とがあります．後者は，サーバとクライアントに分かれるシステムが代表的です．スマートフォンの翻訳アプリを例にしてみます．図 7.1 をみてください．スマートフォン側（クライアント側）は翻訳したい文章をアプリに入力します．アプリは外部の翻訳サーバに文章を送信します．翻訳サーバは文章を受け取って翻訳し，翻訳結果をアプリへ送信します．アプリは翻訳結果を受け取ってユーザに表示します．

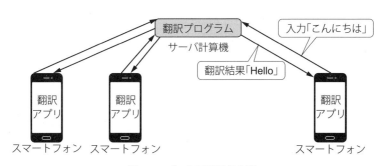

図 7.1　プロセス間通信の例

　この翻訳アプリの例では，サーバ計算機上の翻訳プログラムは実行されていますからプロセスとなっていますし，スマートフォン上のアプリも実行されていますからプロセスとなっています．よって，異なる PC 間でのプロセス間通信となります．

　このように，プロセスにイベントの発生を通知したり，プロセス同士で情報を交換

したりすることはよくあります．本書では，さまざまなプロセス間通信のうち，シグナル（本章）やパイプ（名前なし，名前あり）（第8章），共有メモリ（第9章），ソケット通信（第10章）について解説します．それぞれの特徴を表7.1に示します．

表7.1　代表的なプロセス間通信の特徴

プロセス間通信名	特　徴
シグナル	・非同期に単方向へ送信 ・シグナルの種類に応じてシグナルハンドラを設定できる
パイプ （名前なし）	・親子関係にあるプロセスにおいて非同期に単方向へ送信 ・バッファを介する ・読み込みは一つのプロセスからだけ
パイプ （名前付き）	・親子関係にないプロセスでも非同期に単方向へ送信 ・FIFO（First-in First-out）という特殊ファイルを介する ・使わなくなったら削除する必要あり ・読み込みは一つのプロセスからだけ
共有メモリ	・複数のプロセス間で共有するメモリを作成し，各プロセスがアクセスする ・処理が複雑になりやすい ・使わなくなったら削除する必要あり ・処理速度が速いが安定性に注意が必要
ソケット	・異なるPC間のプロセスで双方向通信できる

7.2　シグナルとは

7.2.1　シグナル

シグナルとは，Ctrl+Cが押されたなどの非同期イベントをプロセスへ通知するためのしくみで，元のプロセスの処理に割り込んで別の処理を実行させることができます．実は，みなさんはすでにこのシグナルを使っています．第5章のExercise 5.2においてゾンビ状態を解説しました．そのとき，親プロセスは子プロセスの終了を確認する必要があり，確認するまでは子プロセスがゾンビ状態であると説明しました．そのときは説明しませんでしたが，子プロセスが終了すると，「子プロセスが終了した」という親プロセスへのシグナル（SIGCHLD）が発生しています．親プロセスがwaitシステムコールによりSIGCHLDを受信すると，子プロセスは解放され，親プロセスは次の処理へ進みます．この例のほかに，もっと頻繁に使っているシグナルもあります．誤ってプログラムが無限ループしてしまったとき，Ctrl+Cを入力しますね．このCtrl+CによってもシグナルSIGINT）が発生しています．SIGINTを受

信したプロセスは終了します．そのため，無限ループプロセスを終了させることができていたのです．

7.2.2　シグナルの動作

　では，シグナルの動作を解説します．図 7.2 をみてください．プロセスの開始からプロセスの処理が進んでいく様子を時間の経過とともに表しています．まず，プロセスの処理とは非同期にシグナルが発生すると，プロセスへ通知されます．通知を受け取ったプロセスは処理を中断し，シグナルに対応したシグナルハンドラを実行します．シグナルハンドラとは，シグナルを受信したときに実行させたい処理（関数）のことです．シグナルハンドラは，シグナルの種類ごとにユーザが決めることができます．ユーザがとくに決めない場合は，シグナルの種類ごとにデフォルトの処理が決まっているのでそちらを実行します．シグナルハンドラの実行後は，シグナルを受信するまで実行していた処理へ戻ります．

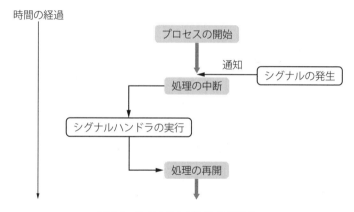

図 7.2　シグナルとプロセスの動作

　次に，サンプルプログラム sig_timer.c を使って解説します．このプログラムは，実行後から Ctrl+C が入力されるまでの経過時間を表示します．実行してみてください．

▶ Exercise 7.1　sig_timer.c と実行結果

```
/////// sig_timer.c ///////
 1  #include <stdio.h>
 2  #include <stdlib.h>
 3  #include <signal.h>
 4  #include <time.h>
 5  #include <unistd.h>
 6
 7  time_t start;
 8  void stop(int x);
 9
10  int main(){
11    time(&start);
12    signal(SIGINT, stop);
13    while(1){
14      sleep(1);
15      fprintf(stderr, ".");
16    }
17    return 0;
18  }
19
20  void stop(int x){
21    time_t end;
22    time(&end);
23    fprintf(stderr, "\n signal number=%d, time=%ld\n", x, end-start);
24    exit(0);
25  }
```

```
$ ./sig_timer
....^C          実行後,「.」が出力される. 適当なタイミングで Ctrl+C を入力せよ
 signal number=2, time=4
```

　実行できたでしょうか？　この例では，実行してから4秒後にCtrl+Cを入力した
ため，経過時間4秒が実行結果のtime=4に表示されています．実行結果のsignal
number=2というのは，Ctrl+Cによって発生したシグナルSIGINTのシグナル番号
が2ということを表します（シグナル番号については，次節で説明します）．通常，
Ctrl+Cを入力すると実行中のプログラムは強制終了しますが，このプログラムでは
強制終了していないことに注目してください．

　それでは，プログラムを解説します．まず，グローバル変数としてstartを宣言
します（7行目）．startには，time関数（Function 7.1）によってtime関数を実
行したときのLinux時間が格納されます．

Function 7.1 time **関数** ▶ 関数実行時の Linux 時間を得る

書 式	#include <time.h> time_t time(time_t *t);
引 数	time_t 型変数のアドレス
返り値	Linux 時間

次の 12 行目 signal システムコール（Function 7.2）では，ユーザ定義のシグナルハンドラを設定しています．第一引数にはシグナルの種類を指定します．SIGINT となっているので，SIGINT を受信したときだけシグナルハンドラ（関数）が実行されます．第二引数は，シグナル受信時に実行したいシグナルハンドラのアドレスを指定します．ここでは stop 関数のアドレスを指定しています．このように，関数にもアドレスがあります．たとえば，配列は配列名だけで先頭アドレスの意味になりましたね．関数も関数名だけでアドレスの意味になります．シグナルハンドラは関数ですが，普通の関数とは少し異なり，返り値がありません．そのため，返り値は常に void とする必要があります．また，引数も int 型が一つだけしかありません．この変数には，受信したシグナルのシグナル番号が格納されます．シグナル番号は，signal.h にマクロで記述されたシグナルごとの番号のことです．シグナルの種類とシグナル番号は，シグナルの一覧表（表 7.2）に記載します．

Function 7.2 signal **システムコール** ▶ シグナルごとのシグナルハンドラを設定する

書 式		#include <signal.h> sighandler_t signal(int signum, sighandler_t sighandler);
引 数	第一引数	シグナルの種類
	第二引数	SIG_IGN, SIG_DFL, シグナルハンドラのアドレスのいずれか
返り値	成功時	前回のシグナルハンドラのアドレス
	失敗時	SIG_ERR

12 行目 signal システムコール（Function 7.2）によって，このプロセスは，SIGINT を受信したとき，それまでの処理を中断し，stop 関数を実行します．それまでの処理とは，次の while (1) で実行される無限ループです．ループ内では sleep (1) ; と fprintf による「.」の表示が交互に繰り返されます．この無限ループの目的は，Ctrl+C が押されるまでプロセスを終了させないことです．

Ctrl+C が押され，stop 関数が実行されると，実行された時刻を得るため time

関数を実行し，経過時間を表示します．最後に exit(0); によりプロセスを終了さ
せます．この exit(0); がなければ，プロセスはシグナルを受信したときに中断し
た処理（無限ループ）に戻ってしまいます．

ここでは，一つのシグナルに対してだけシグナルハンドラを設定しましたが，複数
のシグナルに対して設定することもできます．設定したいシグナルの数だけ signal
システムコールを追加すればよいのです．また，signal システムコールの第二引数
には，関数のほかに，以下の二つのアドレスを指定することもできます．

　　SIG_IGN・・・シグナルを無視する

　　SIG_DFL・・・シグナルのデフォルトの動作をする

たとえば，うっかり Ctrl+C を押しても終了しないようにするには，SIG_IGN を
指定します．

7.3　シグナルの種類

7.3.1　シグナルの種類

Linux で使用可能なシグナルの種類を確認してみましょう．表 7.2 におもなシグナ
ルの一覧を示します．シグナルの名前は，すべて SIG から始まります．シグナル番号
は，ヘッダーファイル signal.h 内にマクロとして定義されています．Exercise 7.1
の signal number が 2 と表示されていたのは，SIGINT シグナルのシグナル番号が
2 だったためです．

表 7.2　おもなシグナル一覧

シグナル名	シグナル番号	説　明	デフォルト動作
SIGHUP	1	端末がクローズされた	終了
SIGINT	2	Ctrl+C が押された	終了
SIGQUIT	3	Ctrl+¥ が押された	コアダンプ
SIGILL	4	不正な命令を実行しようとした	コアダンプ
SIGTRAP	5	ブレークポインタに達した	コアダンプ
SIGABRT	6	abort 関数が実行された	コアダンプ
SIGIOT	6	SIGABRT と同じ	コアダンプ
SIGBUS	7	ハードウェアのエラー	コアダンプ
SIGFPE	8	数値演算の例外	コアダンプ
SIGKILL	9	強制終了時のシグナル	終了
SIGUSR1	10	ユーザ定義シグナル	終了
SIGSEGV	11	不正なメモリアクセス	コアダンプ

表7.2（続き） おもなシグナル一覧

SIGUSR2	12	ユーザ定義シグナル	終了
SIGPIPE	13	パイプへ書き込んだが読みとりプロセスがない	終了
SIGALRM	14	alarm システムコールからの送信	終了
SIGTERM	15	終了シグナル	終了
SIGCHLD	17	子プロセスが終了した	無視
SIGCONT	18	中断したプロセスが再開された	無視
SIGSTOP	19	プロセスの一時停止	中断
SIGTSTP	20	Ctrl+Z が押された	中断
SIGTTIN	21	バックグラウンドプロセスが端末を読みとった	中断
SIGTTOU	22	バックグラウンドプロセスが端末へ書き込んだ	中断
SIGURG	23	緊急入出力データがある	無視
SIGXCPU	24	プロセッサのリソース上限をこえた	コアダンプ
SIGXFSZ	25	ファイルのリソース上限をこえた	コアダンプ
SIGWINCH	28	端末のウィンドウサイズが変更された	コアダンプ
SIGIO	29	非同期入出力イベント	終了

シグナル名やシグナル番号は Linux によって若干異なる場合があります．自分の Linux の環境で使用可能なシグナルを確認するには，kill -l コマンドを用います．確認してみましょう．入力するだけですので，ぜひ確認しておいてください．

▶ Exercise 7.2

```
$ kill -l
```

表7.2のシグナルの中で，SIGKILL と SIGSTOP だけはシグナルハンドラや SIG_IGN を指定しても動作の変更や無視ができません．これは，すべてのシグナルを無視できるようになっていると，あらゆるシグナルを無視するプロセスもつくることができてしまうためです．したがって，終了させることができるシグナルを残しておくのです．

7.3.2 コマンドからシグナルを発生させる方法

さて，シグナルを発生させる方法の一つとして，Ctrl+C のようにキーボードを押す方法を紹介しました．次に，コマンドからシグナルを発生させる方法と，プログラムからシグナルを発生させる方法を解説します．両方とも kill コマンドと kill システムコールを用います．まずは，コマンドからシグナルを発生させる方法を解説します．実行してみてください．

▶ Exercise 7.3　kill コマンドの実行結果

```
$ sleep 60 &
[1] 6066
$ ps
PID    TIME     CMD
6001 00:00:00 bash
6066 00:00:00 sleep
6073 00:00:00 ps
$ kill -9 6066
[1]+ 強制終了    sleep 60
$ ps
PID    TIME     CMD
6001 00:00:00 bash
6086 00:00:00 ps
$
```

　あらかじめ，シグナルの送信先となるプロセスを作成しておきます．sleep コマンドは，引数にとった秒数の間スリープするだけのプロセスを生成します．この例では 60 としているため，60 秒間スリープするプロセスを生成します．最後の & は sleep プロセスをバックグラウンドで実行するという意味です．このようにすると sleep プロセスは裏側で実行され，その間にもシェルにコマンドを入力できるようになります（プロンプト（$）が表示されている状態）．もし，& をつけずに実行すると，sleep プロセスが終了するまでシェルにコマンドを入力することができません（& なしで実行して確認してみてください）．sleep コマンドを実行すると，生成した sleep プロセスの PID が表示されます．この例では 6066 となっています．念のため，ps コマンドで確認します．

　次に，kill コマンドで sleep プロセスにシグナルを送信します．kill コマンドの書式は次のようになっています．

kill − シグナル名 / シグナル番号　送信先 PID

送付したいシグナル名またはシグナル番号をハイフン（-）に続けて書きます．ここでは，シグナル番号 9 を指定しています．9 番は，表 7.2 をみると SIGKILL のシグナル番号であることがわかります．よって，-SIGKILL とすることもできます．送信先 PID には，送信先の PID を指定します．この例では，最初の sleep 60 & を実行したときに，sleep プロセスの PID が 6066 と表示されているので，6066 を指定します．任意のプロセスに送信したい場合は，ps コマンド（第 3 章）で送りたいプロセスの PID を調べます．スペース区切りで複数の PID を指定することもできます．

sleep プロセスの PID を指定したので，sleep プロセスへシグナルを送信します．この例では，送信するシグナルは SIGKILL としています．SIGKILL のデフォルト動作は終了（強制終了）です．そのため，実行結果のように sleep プロセスが強制終了しました．

これで，みなさんはコマンドから任意のシグナルを任意のプロセスに送ることができるようになりました．ps コマンド（ps -lax）などで，ゾンビプロセスや終了したはずのプロセスをみつけたらぜひ終了させてください．

7.3.3 プログラムからシグナルを発生させる方法

次に，プログラムからシグナルを発生させる方法を解説します．Exercise 7.3 のときと同様に sleep プロセスを生成しておき，プログラム内から SIGKILL シグナルを送信します．サンプルプログラム sig_kill.c を実行してみてください．

▶ Exercise 7.4 sig_kill.c と実行結果

```
/////// sig_kill.c ///////
1   #include <stdio.h>
2   #include <stdlib.h>
3   #include <sys/types.h>
4   #include <signal.h>
5
6   int main(int argc, char *argv[]){
7     int ret;
8     pid_t pid;
9     if(argc != 2){
10      fprintf(stderr, "Usage: ./sig_kill PID ¥n");
11      exit(1);
12    }
13    pid = atoi(argv[1]);          ← 整数値に変換
14
15    ret = kill(pid, SIGKILL);     ← シグナルを送信
16    if(ret < 0){
17      perror("kill");
18    }
19    return 0;
20  }
```

```
$ sleep 60 &
[1] 9513
$ ./sig_kill 9513
[1]+ 強制終了   sleep 60
```

Exercise 7.3 とほとんど同じ結果になったでしょうか？　sig_kill.c は，コマンドライン引数から sleep プロセスの PID を入力します．コマンドライン引数からの入力は文字として扱われるので，13 行目 pid=atoi（argv[1]）; によって整数値に変換し pid に代入しています．次に，シグナルを送信します．シグナルを送信するには kill システムコールを用います．kill システムコールの書式を Function 7.3 に示します．第一引数には送信先のプロセスの PID を指定し，第二引数には送信するシグナルの種類を指定します．この例では，送信するシグナルの種類に SIGKILL を指定しています．

Function 7.3　kill **システムコール** ▶ 任意のシグナルを任意のプロセスへ送信する

書　式	#include <signal.h> #include <sys/types.h> int kill(pid_t pid, int sig);	
引　数	第一引数	送信先のプロセスの PID
	第二引数	送信するシグナルの種類
返り値	成功時	0
	失敗時	-1

　このように，kill コマンドや kill システムコールはあくまでもシグナルを送信するためのものです．名前が kill となっているため，プロセスを終了させるコマンドと勘違いしないよう注意してください．送信するシグナルの種類もここでは SIGKILL だけでしたが，表 7.2 を参考に SIGTERM や SIGINT，SIGTSTP などいろいろ試してみてください．シグナルの種類によって動作が異なることが実感できると思います．

7.3.4　SIGALRM を使ったプログラム

　本章の最後に，SIGALRM を使ったプログラムを解説します．SIGALRM は，alarm システムコールにより自分自身のプロセスへ送信されるシグナルです．目覚まし時計のアラームと同様の使い方ができます．それでは，サンプルプログラム sig_alarm.c を実行してみてください．このプログラムは，足し算を出題し，ユーザは制限時間内に暗算して解答します．具体的には整数を 2 個生成し，ユーザはそれらの加算結果を入力します．ただし，5 秒以内に入力するものとし，5 秒を超えたら「Time is up!」と表示します．

▶ Exercise 7.5   sig_alarm.c と実行結果

```
/////// sig_alarm.c ///////
1  #include <stdio.h>
2  #include <stdlib.h>
3  #include <signal.h>
4  #include <unistd.h>
5  #include <time.h>
6
7  void func(int x);
8
9  int main(){
10   int num1, num2, ans, in_ans;
11   signal(SIGALRM, func);      ◁── シグナルハンドラの設定
12
13   srand(time(NULL));          ◁── 乱数の種を設定
14   num1 = rand() % 100;  ⎫
15   num2 = rand() % 100;  ⎬── ランダムな 2 個の整数を生成
16   ans = num1 + num2;
17   fprintf(stderr, "%d + %d ? ", num1, num2);
18
19   alarm(5);                   ◁── SIGALRM の発生時間を指定
20   scanf("%d", &in_ans);
21   alarm(0);
22
23   if( ans == in_ans ){
24     fprintf(stderr, "You got it.¥n");
25   }
26   else{
27       fprintf(stderr, "That's wrong.¥n");
28   }
29   return 0;
30 }
31 void func(int x){
32     fprintf(stderr, "Time is up!¥n");
33 }
```

```
$ ./sig_alarm
33 + 52 ? 85
You got it.
$ ./sig_alarm
96 + 60 ? Time is up!
156
You got it.
$
```

プログラムを解説します. 11 行目 signal (SIGALRM,func); によってシグナ
ルハンドラを設定しています. これにより, SIGALRM を受信したときに関数 func
を実行します. 関数 func は, "Time is up!" と表示するだけの関数です. 次に,

ランダムな2個の整数を生成して，num1とnum2にそれぞれ代入しています．
srand関数は乱数の種を設定します．この種を元にrand関数によって乱数が生成
されます．同じ種からは同じ乱数しか生成されませんので，種にLinux時間を使っ
ています．

　19行目alarm (5) ;によってSIGALRMの発生時間を指定しています．alarmシ
ステムコールの書式をFunction 7.4に示します．この例では，alarmシステムコー
ルの引数は整数値5となっているため，5秒後にSIGALRMが発生し，自分自身のプ
ロセスへ送信されます．scanf関数でユーザからの解答を得たあと，alarm (0) ;
を実行します．alarmシステムコールの引数が0のときは，以前のalarmシステム
コールの設定をキャンセルします．つまり，5秒以内に解答を入力できれば
SIGALRMを発生させる必要がなくなるため，alarm (0) ;としてSIGALRMを発生
させないようにしています．

Function 7.4　alarm**システムコール**▶ 引数に指定した秒数後にSIGALRMを発
生させる

書　式	`#include <unistd.h>` `unsigned int alarm (unsigned int seconds) ;`	
引　数	SIGALRMを発生させるまでの秒数	
返り値	alarm**システムコールを初めて実行したとき**	0
	2回目以降	以前のalarmシステムコールの残り秒数

　答えを入力せずに実行後5秒以上経過すると，シグナルハンドラに設定されてい
るfunc関数が実行されます．"Time is up!"と表示したあとは，シグナルが発生
した処理に戻ります．よって，scanf関数の入力待ちに戻ることになり，整数を入
力すると正解か不正解かを判定して終了します．

　alarmシステムコールの使い方が理解できたでしょうか？　このプログラムでは足
し算が1問だけしか出題されませんが，複数出題したり，解答したときに残り時間
が何秒だったかを表示させたりといった改良がいろいろ思いつきます．残り時間は，
alarmシステムコールの返り値を利用すれば実現できます．ぜひアレンジしてみて
ください．

＜本章のまとめ＞

　本章では，プロセス間通信の一つであるシグナルについて解説しました．シグナル
によってプロセスの処理は中断させられ，シグナルハンドラを設定していればシグナ
ルハンドラが実行され，設定していなければデフォルトの動作が行われます．シグナ

ルは Ctrl+C や Ctrl+Z を押すことや，kill コマンドや kill システムコール，
alarm システムコールなどから発生します．なお，本章では基礎的なシステムコー
ルである signal や kill システムコールだけしか解説していません．しかし，
sigaction や sigqueue システムコールを使えばデータも送信できるようになりま
す．興味のある人はぜひ調べてみてください．次章では，別のプロセス間通信である
パイプについて解説します．

■ 章末問題 ■

7.1 ランダムに発生させた整数値を 20 秒以内に当てる以下のプログラム q7-1.c を完成さ
せよ．キーボードから N を入力し，その整数値を当てる．N の入力は，当てるまで何
度でも入力できる．ただし，次の仕様を満たすこと．

仕様1 入力値が当てる数よりも大きければ " おおきすぎ "，小さければ " ちいさすぎ
" と表示する．当てた場合は " 正解 " と表示する．

仕様2 Ctrl+C を押すとヒントを表示できる．ヒントは，当てる数から入力値を引き
算した値とする．ヒントは何度でも表示できる．

仕様3 20 秒経過すると Bomb! と表示して終了する．

仕様4 使用できる変数は，プログラム中の ans,n,r のみとする．全部使わなくて
もよい．

```
/////// q7-1.c ///////
#include <stdio.h>
#include <stdlib.h>
#include <signal.h>
int ans, n, r;      // 変数はこの三つのみ
int main(){
  void func();      //Bomb! と表示して終了する関数
  void hint();      // ヒントを表示する関数
  srand(getpid());
  ans = rand()%100;



  while(1){




  }
  return 0;
}
```

```
void func(){


}
void hint(){


}
```

【実行結果例①】

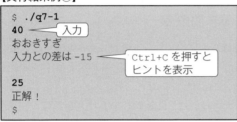

```
$ ./q7-1
40          入力
おおきすぎ
入力との差は -15    Ctrl+C を押すと
              ヒントを表示

25
正解！
$
```

【実行結果例②】

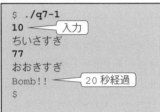

```
$ ./q7-1
10          入力
ちいさすぎ
77
おおきすぎ
Bomb!!      20 秒経過
$
```

7.2　ストップウォッチプログラム q7-2.c を作成せよ．キーボードから整数 N を入力し，入力後から N 秒経過したことを当てる．ただし，次の仕様を満たすこと．

　仕様 1　N を入力後，N 秒経過したと思ったら Ctrl+Z を押して止める．このとき，ちょうど N 秒であれば "ぴったり"，まだ N 秒経過していなければ "はやすぎ"，N 秒を過ぎていれば "おそすぎ" と表示して終了する．

　仕様 2　Ctrl+Z を押さずに N 秒から 2 秒以上経過した場合は "過ぎた" と表示して終了する．

【実行結果例】

```
$ ./q7-2
計測したい秒数 N を入力せよ．
40        入力
Let's count to 40!
はやすぎ     Ctrl+Zを押すと表示
```

7.3　sig_timer.c（Exercise 7.1）を参考に，1 秒に 1 回「.」を表示し続けるプログラム q7-3.c を作成せよ．ただし，Ctrl+C を利かないようにし，Ctrl+Z を 2 回押してから Ctrl+C を押すとプログラムが終了するようにせよ．

【実行結果例】

```
$ ./q7-3
.........^C..^Z...^C..^Z..^C
$
```

7.4 Ctrl+Z が押されたとき，親プロセスから子プロセスへ Ctrl+C シグナルを送る以下の
プログラム q7-4.c を完成させよ．ただし，次の仕様を満たすこと．

仕様1 Ctrl+Z が押されて1秒経過してから Ctrl+C シグナルを送信する．

仕様2 Ctrl+Z を押さずに3秒以上経過した場合は "Press Ctrl+Z" と表示し，入
力を促す．

仕様3 子プロセス終了後に親プロセスが "終了" と表示する．

【実行結果例①】

```
$ ./q7-4
(Ctrl+Z) の入力
終了
$
```

【実行結果例②】

```
$ ./q7-4
Press Ctrl+Z  ← 入力せずに3秒経過
(Ctrl+Z) の入力
終了
$
```

```c
/////// q7-4.c ///////
#include <signal.h>
#include <stdlib.h>
#include <signal.h>

int pid;
int main(void){
  void display();   //Press Ctrl+Z と表示する関数
  void send();
  int st;


  if(      ){
     sleep(600);
  }
  else{




  }
 return EXIT_SUCCESS;
}
void display(){


}
void send(){


}
```

▶ 第8章

パイプ
....

8.1 パイプとは

8.1.1 パイプによるコマンドの連結

　第7章では，プロセス間通信の一つ，シグナルについて解説しました．本章では，パイプについて解説します．パイプには，名前なしパイプと名前付きパイプの2種類があります．本節では，名前なしパイプについて解説し，8.2節では名前付きパイプについて解説します．

　名前なしパイプとは，バッファを介して親子関係にあるプロセス間の通信を行うものです．特徴をまとめると以下のとおりです．

【名前なしパイプの特徴】
　・親子関係にあるプロセス間通信
　・非同期で単方向のみ（双方向にするためには読み込み用と書き込み用が必要）
　・バッファ（8.1.4項参照）を介する
　・読み込みは一つのプロセスからだけ（データを読み込むとそのデータは消えるため）

　実は，シェルに入力するコマンドとコマンドを連結する際にはパイプを利用しています．パイプのイメージをつかむために，まずはシェル上でのパイプの動きを確認しましょう．次のコマンドを実行してみてください．パイプは「|」で表されます．アルファベット小文字の「l」ではなく，キーボードの Enter キーの上にある「¥」キーを Shift キーを押しながら押すと入力できます．

▶ Exercise 8.1　パイプを利用したコマンドの実行結果

```
$ ps -lax | grep bash
0  1000  4663  4654  20   0 116896  3600 do_wai Ss   pts/0   0:00 bash
0  1000  6516  4654  20   0 117056  3724 do_wai Ss   pts/1   0:00 bash
$
```

　この例では，ps コマンドと grep コマンドをパイプによって連結しています．

grep コマンドは，指定したファイル内から指定した文字列がある行を検索してくれ
るコマンドです．書式は以下のようになります．

```
grep 検索文字列 ファイル名
```

たとえば，ファイル hoge.c 内の int という文字列を検索したい場合，以下のよう
になります．

```
grep int hoge.c
```

カレントディレクトリ内のファイルすべてを検索対象にしたい場合は，以下のように
なります．

```
grep int ./*
```

　さて，パイプでコマンドを連結するというのはどういうことでしょうか？　前提と
して，コマンドは標準入力と標準出力の両方をもっています．標準入力というのは
キーボードからの入力のことで，標準出力というのはディスプレイへの出力のことで
す．ls や ps など，標準入力がないコマンドもあります．これらはキーボード入力
は不要ですね．一方で，sort コマンドは，ソートするためのデータをキーボードや
ファイルから入力する必要があります．二つのコマンドを連結するとは，一つ目のコ
マンドの標準出力を二つ目のコマンドの標準入力に切り替えることをいいます．この
例では，ps コマンドの標準出力が，二つ目の grep コマンドの標準入力に切り替わっ
ています．grep コマンドは，パイプから受け取った ps コマンドの結果に対し，
bash という文字列を含む行だけ検索して標準出力に表示しました．表示結果の各行
には，どこかに必ず bash が含まれています．
　コマンドは，パイプでいくつでも連結することができます．三つのコマンドを連結
してみましょう．

▶ Exercise 8.2　三つのコマンドの実行結果

```
$ ps -lax | grep bash | cat -n
1   0  1000   4663   4654   20 0 116896   3600 do_wai Ss  pts/0  0:00    bash
2   0  1000   6516   4654   20 0 117056   3724 do_wai Ss  pts/1  0:00    bash
$
```

Exercise 8.1 のコマンドに続けて cat -n コマンドを連結しています．cat コマン
ドは，指定したファイルの内容を簡易的に表示してくれます．たとえば，cat sig_

timer.c とすれば，sig_timer.c の内容が表示されます．オプション -n をつける
と，行番号をつけて表示されます．Exercise 8.1 と 8.2 を比べてみてください．
Exercise 8.1 にはなかった行番号が，Exercise 8.2 の各行の先頭についています．こ
のように，パイプを使えばコマンドの標準出力を別のコマンドの標準入力にできるこ
とが実感できたでしょうか？　これは，プロセスでも同じです．そもそもコマンドも
実行中はプロセスですね．パイプを使えば，プロセスの標準出力を別のプロセスの標
準入力にできます．

8.1.2　パイプとともに使われる便利なコマンド

ここで，パイプとともに頻繁に使われる便利なコマンドを表 8.1 に紹介します．

表 8.1　便利なコマンド

コマンド名	説　明	書　式
sort	ファイル内をソート	sort ファイル名
more	ファイル内を 1 画面ずつ表示	more ファイル名
awk	ファイル内の指定した列を検索	awk 'パタン { 動作 }' ファイル名
uniq	ファイル内の重複した行を削除	uniq ファイル名
wc	ファイルの行数，単語数，バイト数を表示	wc ファイル名

詳しくは説明しませんが，どのコマンドも標準入力と標準出力の両方があります．
ls や ps の結果を，パイプを使ってこれらのコマンドに渡すことで，使いどころが
格段に増えます．ここでは，例として awk（オーク）コマンドの使い方を説明します．
たとえば，ps -lax の結果が多すぎるため（Exercise 5.1），PID が 2000 番以上の行
だけ表示したい場合は，以下のようになります．

```
ps -lax | awk '$3>=2000{print}'
```

$3 というのは，もっとも左の列を 1 列目としたときの列数です．ps -lax の結果で
は，PID の列は左から 3 列目なので $3 となります．また，特定の列だけを表示した
い場合は，以下のようになります．

```
ps -lax | awk '{print $3,$13}'
```

動作の print に続けて必要な列を列挙します．この場合，PID の列と COMMAND の
列を表示することができます．ls コマンドと連結すれば，ファイルサイズが N 以上
のファイルだけ表示などということができますね．

次に，wc コマンドも使ってみましょう．wc コマンドは表 8.1 のとおり，ファイル

の行数や単語数，バイト数を表示します．たとえば，ls コマンドと組み合わせて
ディレクトリ中のファイルやディレクトリの数を数えることができます．実行してみ
てください．

▶ Exercise 8.3　ls | wc の実行結果

```
$ ls | wc
10 10 106
$
```

　この例では，ls コマンドと wc コマンドを連結しました．最初の 10 が行数を表し
ています．つまり，このディレクトリには，ファイルやディレクトリが 10 個あると
いうことがわかります．行数だけを出力したければ，-l オプションをつけます．す
なわち，ls | wc -l とすれば 10 とだけ表示されます．実行して確認してください．

8.1.3　リダイレクション

　リダイレクションについて解説します．リダイレクションとは，コマンドの標準入
力もしくは標準出力を切り替える機構のことです．標準入力をファイルに切り替えた
り（入力リダイレクション），標準出力をファイルに切り替えたり（出力リダイレク
ション）できます．使う記号は，入力リダイレクションは「<」，出力リダイレク
ションは「>」となります．たとえば，ある 1 文字を置換する tr コマンドは標準入
力が使われるので，ファイル入力に切り替えたい場合に，入力リダイレクションを使
います．例を示します．

```
tr x y < piyo.txt
```

この場合は，ファイル piyo.txt 内の x を y にすべて置換します．ファイルから左
へ矢印が出ているようにみえますね．次に，ファイル出力に切り替えたい場合には，
出力リダイレクションを使います．例を示します．

```
ps -lax > ps_result.txt
```

この場合は，ps の結果を ps_result.txt というファイルに出力します．これもコ
マンドから右へ矢印が出ているようにみえますね．ディスプレイに結果は表示されま
せん．パイプとも組み合わせられますので，以下のようなこともできます．

```
ps -lax | grep bash > ps_result.txt
```

パイプと一緒にぜひ組み合わせて使ってみてください．これで，パイプによってデータを渡すイメージができたと思います．

8.1.4　親子関係にあるプロセスのプロセス間通信

　次は，パイプを使って，親子関係にあるプロセスのプロセス間通信を実現してみます．サンプルプログラム pip_p.c と pip_c.c を使って解説します．動作は実行例にあるとおり，単語を入力するとその文字数を返します．単語の入力は親プロセス，文字数のカウントは子プロセスで行います．実行してみてください．

▶ Exercise 8.4　pip_p.c，pip_c.c と実行結果

```
/////// pip_p.c ///////
1   #include <stdio.h>
2   #include <stdlib.h>
3   #include <sys/types.h>
4   #include <sys/wait.h>
5   #include <unistd.h>
6
7   int main(){
8     pid_t pid;
9     char line[256], rfd[5], wfd[5], word[256];
10    int n, fd[2], st, ret1, ret2;
11
12    ret1 = pipe(fd);          ← バッファへの読みとり用パイプ，書き込み用パイプを開く
13    if(ret1 < 0){
14      perror("pipe");
15      exit(1);
16    }
17
18    snprintf(rfd, sizeof(rfd), "%d", fd[0]);    ⎫ int 型のファイル
19    snprintf(wfd, sizeof(wfd), "%d", fd[1]);    ⎬ ディスクリプタを
20                                                 ⎭ char 型に変換
21    fgets(line, sizeof(line), stdin);
22    ret1 = sscanf(line, "%s", word);
23    if(ret1 > 0){
24      pid = fork();           ← 子プロセスの生成
25      if(pid==0){
26        ret2 = execl("pip_c", "pip_c", rfd, wfd, NULL);
27        if(ret2 < 0){
28          exit(1);
29        }
30      }
31      write(fd[1], word, sizeof(word));   ← バッファへ文字列の書き込み
32      wait(&st);              ← 子プロセスの終了まで待機
33
34      read(fd[0], &n, sizeof(n));   ← バッファからデータを読みとる
35      fprintf(stderr, "%s <-> %d ¥n", word, n);
```

```
36
37      close(fd[0]);
38      close(fd[1]);                ファイルディスクリプタをクローズ
39    }
40    return 0;
41  }
```

```
/////// pip_c.c ///////
1   #include <stdio.h>
2   #include <stdlib.h>
3   #include <unistd.h>
4   #include <string.h>
5
6   int main(int argc, char *argv[]){
7     char word[256];
8     int n, rfd, wfd;
9
10    rfd = atoi(argv[1]);              char 型で渡されたファイルディスクリプタ
11    wfd = atoi(argv[2]);              の番号を int 型に変換
12
13    read(rfd, word, sizeof(word));    バッファからデータを読みとる
14
15    n = strlen(word);                 文字列の長さを変数 n に代入
16    sleep(10);
17    write(wfd, &n, sizeof(n));        変数 n をバッファへ書き込む
18
19    close(rfd);                       ファイルディスクリプタをクローズ
20    close(wfd);
21    return 0;
22  }
```

```
$ ./pip_p
Apple
Apple <-> 5
$
```

　pip_p.c と pip_c.c の二つのファイルをコンパイルし忘れないようにしてください. また, 実行ファイル名は pip_p と pip_c にしてください.

　プログラムの解説に入る前に全体の流れを解説します. まずは, バッファを介したデータの流れを理解しましょう. 図 8.1 をみてください. 親プロセスと子プロセスが左右にあり, その間にバッファを配置しています. バッファとは, データを一時的に保存しておくメモリです. データを書き込むことができ, データを読み出すと空になります. データは, 書き込まれた順番に読みだされる FIFO になります. まず, pipe システムコールによりバッファへのパイプを開きます. パイプは, 読みとり用と書き込み用の 2 本が開きます. この図では 4 本あるようにみえますが, パイプの番号 (ファイルディスクリプタという) は読みとり用が 3 番, 書き込み用が 4 番の 2

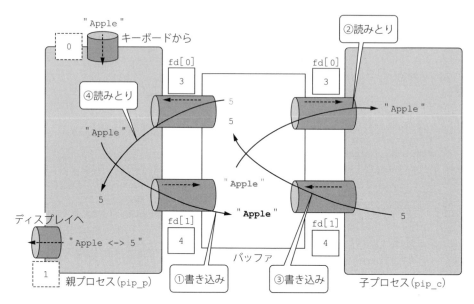

図8.1　親プロセスと子プロセスのデータの流れ

種類しかないため，2本ということになります．親プロセスと子プロセスが同じファ
イルディスクリプタのパイプを使うと，同じバッファへアクセスします．最初にキー
ボード（標準入力）から親プロセスへ "Apple" と入力します．実は，標準入力も
バッファへのパイプとなっており，ファイルディスクリプタ0番が割り当てられて
います．いったんキーボード入力をバッファにためておき，fgets 関数に渡してい
ます．親プロセスは，入力された "Apple" を書き込み用パイプを使ってバッファへ
書き込みます（図8.1の①）．子プロセスは，読みとり用パイプを使ってバッファか
ら "Apple" を読みとります（②）．読みとった時点でバッファは空となります．読
みとった文字列 "Apple" の長さ5を，書き込み用パイプを使ってバッファへ書き込
みます（③）．親プロセスは，読みとり用パイプを使ってバッファから5を読みとり
ます（④）．最後に，ディスプレイ（標準出力）へ "Apple <-> 5" を表示します．
標準出力もバッファからのパイプで，ファイルディスクリプタ1番が割り当てられ
ています．普段意識することはありませんが，標準入力も標準出力もいったんデータ
をバッファへためているんですね．

　バッファを介したデータの流れがおおまかにイメージできたと思います．続いて，サン
プルプログラム（pip_p.c と pip_c.c）を解説します．まずは，Exercise 8.4 の pip_
p.c をみてください．12行目 ret1 = pipe(fd); では，pipe システムコール（Function
8.1）により，バッファへの読みとり用パイプと書き込み用パイプを開いています．

| Function 8.1 | pipe システムコール ▶ 読みとり用パイプと書き込み用パイプを生成する |

書　式	`#include <unistd.h>` `int pipe(int pipefd[2]);`
引　数	int 型配列のアドレス
返り値	成功時	0
	失敗時	-1

成功すると，指定した配列の要素番号 0 に読みとり用のパイプのファイルディスクリプタの番号が入り，要素番号 1 には書き込み用のパイプのファイルディスクリプタの番号が入ります．ファイルディスクリプタとは，あるプロセスがオープンしたファイルの識別子のことです．ファイルディスクリプタはあらかじめ 0 番が標準入力，1 番が標準出力，2 番が標準エラー出力に割り当てられています．fopen 関数などでファイルを一つオープンすると，3 番から割り当てられます．この例のように，ほかにファイルをオープンせずに pipe システムコールを実行すると，3 番，4 番が読みとり用，書き込み用に割り当てられます．

　次に，18 行目と 19 行目の snprintf 関数（Function 8.2）により，int 型のファイルディスクリプタを char 型に変換します．なぜ char 型に変換する必要があるかは，26 行目の execl 関数のところで説明します．snprintf 関数は，printf 関数とほぼ同じです．以下に両方の関数を載せます．

```
snprintf(rfd, sizeof(rfd), "%d", fd[0]);
  printf(                   "%d", fd[0]);
```

どうでしょうか？　printf 関数は標準出力なので書き込み先の指定がありません．snprintf 関数は，書き込み先を指定できます．ここでは，配列 rfd に rfd のサイズ分だけ書き込みます．これで，int 型から char 型に変換することができます．

　続いて，21 行目 fgets 関数によりキーボードから文字列を入力し，sscanf 関数で改行を取り除いて配列 word へ格納します．fork システムコールにより子プロセスを生成し，親プロセスは，write システムコール（Function 8.3）により配列 word 内の文字列をバッファへ書き込みます（図 8.1 の①）．その後，子プロセスが終了するまで wait システムコールで待機します．

Function 8.2　snprintf **関数** ▶ s に n バイトまで書き込む

書　式	#include <stdio.h> int sprintf(char *s, size_t n, const char *format, ...);
引　数	第一引数	文字列の格納先アドレス
	第二引数	s に書き込む最大のバイト数
	第三引数	変換指定子
	第四引数	文字列の入力元アドレス（可変長．変換指定子の数による．printf 関数と同様）
返り値	書き込まれた文字数

Function 8.3　write **システムコール** ▶ ファイルにデータを書き込む

書　式	#include <unistd.h> ssize_t write(int fd, const void *buf, size_t count);
引　数	第一引数	書き込み先のバッファのファイルディスクリプタ番号
	第二引数	書き込むデータのアドレス
	第三引数	書き込むデータのサイズ
返り値	成功時	書き込まれたデータのサイズ（バイト）
	失敗時	-1

　子プロセスは，26 行目 execl 関数を使って pip_c を実行します．このとき，pip_c に親プロセスがオープンしたファイルディスクリプタの番号を渡す必要があります．なぜなら，子プロセスは親プロセスが何番のファイルディスクリプタを開いたかわからないためです．ファイルディスクリプタの番号は，コマンドライン引数で渡します．pip_c.c の main 関数の引数は int argc, char *argv[] となっており，コマンドライン引数の数は argc に，コマンドの名前や引数はその先頭アドレスが argv[0] から argv[1]，argv[2] に順番に格納されます（第 1 章 1.6 節）．このとき，コマンド名や引数は char 型ですね．たとえば，親プロセスから pip_c を実行せず，シェルから pip_c を動かすとすれば，以下のようになります．

```
./pip_c 3 4
```

argv[0] には ./pip_c の，argv[1] には 3 の，argv[2] には 4 の先頭アドレスがそれぞれ格納されます．それらは，すべて char 型です．このように，コマンドライン引数にデータを渡す場合は，char 型でなければなりません．そのため，18，19 行目で，snprintf 関数を用いて int 型を char 型に変換したのです．

　pip_c（Exercise 8.4）のコマンドライン引数にファイルディスクリプタの番号が

渡せたあとは，atoi 関数によって，char 型で渡されたファイルディスクリプタの
番号を int 型に変換します．write システムコールも read システムコールも，
ファイルディスクリプタの番号を int 型で指定しなければならないためです．次に，
read システムコール（Function 8.4）を使ってバッファからデータを読みとります
（図 8.1 の②）．子プロセスがデータを読みとると，そのデータはバッファから消えま
す．strlen 関数によって読みとった文字列の長さを変数 n に代入します．write
システムコール（Function 8.5）を用いて変数 n をバッファへ書き込みます（図 8.1
の③）．pip_c の最後に close システムコールを使って，オープンしたファイルディ
スクリプタをクローズし，子プロセスが終了します．

Function 8.4　read **システムコール** ▶ ファイルからデータを読み込む

書　式	#include <unistd.h> ssize_t read(int fd, void *buf, size_t count);	
引　数	第一引数	読み込み先のバッファのファイルディスクリプタ番号
	第二引数	読み込んだデータの格納先アドレス
	第三引数	読み込むデータの最大サイズ
返り値	成功時	読み込んだデータのサイズ（バイト）
	失敗時	-1
	ファイルの末尾	0

Function 8.5　close **システムコール** ▶ ファイルディスクリプタをクローズする

書　式	#include <unistd.h> int close(int fd);	
引　数	クローズするファイルディスクリプタ番号	
返り値	成功時	0
	失敗時	-1

　子プロセスが終了すると，wait システムコールで待機していた pip_p の実行が
再開されます．再開後，read システムコールによりバッファからデータを読みとり
ます（図 8.1 の④）．読みとったデータを表示し，close システムコールによりファ
イルディスクリプタをクローズして終了します．

　このように，プログラムの行数は比較的短いのですが，処理の流れが少し複雑です．
図 8.1 をみながらプログラムを 1 行ずつ追っていくと理解できると思います．プログ
ラムのデバッグがしにくい（pip_p.c でミスしているのか pip_c.c でミスしている
のかわかりにくい）のでチェックポイントを挙げます．デバッグの参考にしてください．

【デバッグのチェックポイント】

・rfd, wfd と fd[0], fd[1] の対応は正しいか

・execl に指定した実行ファイル名がコンパイルしたファイル名と一致しているか

・pip_c.c のコマンドライン引数の argv[1], argv[2] がそれぞれ書き込み用なのか読み込み用なのか

・pip_p.c の wait システムコールの位置は正しいか

最後の wait システムコールの位置は，たとえば read システムコールの次の行にある場合，親プロセスは書き込んだあとすぐに読みとって，wait システムコールで待機します．そのため，バッファは空の状態となります．このとき，pip_c が 13 行目の read を実行すると，バッファが空のため読みとることができず，読みとり待ちになってしまいます．これは，いわゆる同期がとれていない状態です．名前なしパイプの特徴に挙げた非同期というのは，子プロセスのバッファへの書き込みや読み込みのタイミングを，プログラムする側が設計しなければならないということです．

8.2　コマンドを連結して実行できるシェルプログラムの作成

　本節では，Exercise 8.1 ～ 8.3 で実行したような，パイプを利用したコマンドを実行できるシェルプログラムを作成します．第5章で作成したシェルプログラム（Exercise 5.4 の shell_option.c）を改良します．以下のサンプルプログラム shell_pipe.c を使って解説します．実行例では，パイプによって ps コマンドの結果を wc コマンドに渡し，行数だけを表示します．つまり，プロセスの数が表示されます．まずは実行してみてください．

▶ Exercise 8.5　shell_pipe.c と実行結果

```
/////// shell_pipe.c ///////
1   #include <stdio.h>
2   #include <stdlib.h>
3   #include <sys/wait.h>
4   #include <unistd.h>
5   #include <string.h>
6
7   int get_arg2(char *c, char *arg[], char *sym);
8
9   int main(){
10    pid_t pid;
11    char line[256], command[256], *divcom[32], *arg_c1[32], *arg_c2[32];
```

```
12      int st, i=0, ret1, ret2, ret3, ret4, fd[2];
13
14      while(1){
15        fprintf(stderr, "--> ");
16        fgets(line, sizeof(line), stdin);
17        ret1 = sscanf(line, "%[^\n]", command);
18        if(ret1 > 0){
19          ret2 = get_arg2(command, divcom, "|");
20          if(ret2 == 1){
21            get_arg2(divcom[0], arg_c1," ");
22            pid = fork();
23            if(pid == 0){
24              ret3 = execv(arg_c1[0], arg_c1);
25              if(ret3 < 0){
26                exit(0);
27                }
28              }
29            else{
30              wait(&st);
31            }
32          }
33          else if(ret2 == 2){
34            get_arg2(divcom[0], arg_c1," ");
35            get_arg2(divcom[1], arg_c2," ");
36
37            ret3 = pipe(fd);
38            if(ret3 < 0){
39              perror("pipe");
40              exit(1);
41            }
42            pid = fork();
43            if(pid == 0){
44              close(fd[0]);
45              dup2(fd[1], STDOUT_FILENO);
46              ret4 = execv(arg_c1[0], arg_c1);
47              if(ret4 < 0){
48                exit(0);
49                }
50              }
51            pid = fork();
52            if(pid == 0){
53              close(fd[1]);
54              dup2(fd[0], STDIN_FILENO);
55              ret4 = execv(arg_c2[0], arg_c2);
56              if(ret4 < 0){
57                exit(0);
58                }
59              }
60            close(fd[0]);
61            close(fd[1]);
62            wait(&st);
63            wait(&st);
```

```
64        }
65      }
66    }
67    return 0;
68  }
69
70  int get_arg2(char *c, char *arg[], char *sym){
71    int i = 0;
72    arg[i] = strtok(c, sym);
73    while(arg[i] != NULL){
74      i++;
75      arg[i] = strtok(NULL, sym);
76    }
77    return i;
78  }
```

```
$ ps -lax | wc -l
287
$ ./shell_pipe
--> /bin/ps -lax | wc -l
288
-->
(*287 から 288 は shell_pipe プロセスの増加分)
```

　実行結果のように，二つのコマンドを連結して実行できたと思います．それでは，プログラムを解説します．アルゴリズムは以下のようになります．

【shell_pipe.c のアルゴリズム】
1. プロンプト --> を表示する（15 行目）
2. 入力コマンドを配列 command に代入する（17 行目）
3. get_arg2 関数により，配列 command 内を "|" で区切り，各区切りの先頭アドレスをアドレスの配列 divcom に格納する（19 行目）
4. command 内に "|" がなかった (get_arg2 の返り値が 1 の) とき，command を " " で区切り，アドレスの配列 arg_c1 に格納する．（21 行目）
   ― 1　子プロセスを生成する
   ― 2　子プロセス内で arg_c1 を execv によって実行する
5. 手順 4 で command 内に "|" が一つあった (get_arg2 の返り値が 2 の) とき，一つ目のコマンド divcom[0] と二つ目のコマンド divcom[1] を " " で区切り，アドレスの配列 arg_c1 と arg_c2 に格納する．（34，35 行目）
   ― 1　パイプをオープンする（37 行目）
   ― 2　子プロセス (一つ目のコマンド実行用) を生成する（42 行目）
   ― 3　標準出力ファイルディスクリプタに fd[1] を複製（45 行目）
   ― 4　arg_c1 を execv で実行（46 行目）
   ― 5　子プロセス (二つ目のコマンド実行用) を生成する（51 行目）

　　　—6　標準入力ファイルディスクリプタに fd[0] を複製（54 行目）
　　　—7　arg_c2 を execv で実行（55 行目）
　6. オープンしたファイルディスクリプタをクローズする（60，61 行目）
　7. 手順 1 に戻る

コマンドの入力から実行までは，第 5 章の shell_option.c とほとんど同じです．
まずは，入力コマンドからパイプを探し，パイプ区切りにします．指定した区切り文
字で文字列を区切るには，自作した get_arg2 関数を使います．これも shell_
option.c の get_arg 関数とほぼ同じです．"|" と " " で区切る必要があるため，
区切り文字を引数として渡せるようにしました．

Function 8.6　get_arg2 **関数（自作）▶** 指定した区切り文字で文字列を区切り，
　　　　　　　　　　　　　　　　　　　各先頭アドレスを格納する

書　式		int get_arg2(char *c, char *arg[], char *sym);
引　数	第一引数	文字列の先頭アドレスが格納されるポインタ
	第二引数	各先頭アドレスが入るアドレスの配列
	第三引数	指定した区切り文字のアドレスが格納されるポインタ
返り値		コマンドの数（区切り文字なし：1，区切り文字 1 個：2）

配列 command にパイプの記号が一つ含まれていた場合，一つ目のコマンド実行用の
子プロセスと二つ目のコマンド実行用の子プロセスの二つのプロセスを生成します．
それぞれのプロセスで各コマンドを execv 関数によって実行するのですが，ここで
問題が生じます．二つのコマンドをパイプで連結するには，一つ目のコマンドの出力
をバッファにする必要があります．また，二つ目のコマンドの入力をバッファからの
入力にする必要があります．しかし，一つ目の ps コマンドの出力は標準出力ですし，
二つ目の wc コマンドは標準入力です．標準出力をバッファへの出力に，標準入力を
バッファからの入力に変更する必要があります．この変更をするシステムコールが，
dup2 システムコールです．Function 8.7 に dup2 システムコールの書式を示します．

Function 8.7　dup2 **システムコール ▶** ファイルディスクリプタを複製する

書　式		int dup2(int oldfd, int newfd);
引　数	第一引数	複製元のファイルディスクリプタ
	第二引数	複製先のファイルディスクリプタ
返り値	成功時	新しいファイルディスクリプタ
	失敗時	-1

dup2 システムコールの動作を解説します．前提として，pipe システムコールでパイプをオープンし，二つの子プロセスが生成された状態を最初の状態とします．図8.2 にイメージ図を示します．プロセス内の 0 〜 4 はファイルディスクリプタの番号を表します．0 は標準入力，1 は標準出力，2 は標準エラー出力です．子プロセス 1 も 2 も，ファイルディスクリプタ 3 番でバッファから読み込み，4 番でバッファへ書き込みできます．もし，子プロセス 1 が write システムコールを使えばバッファへの書き込みができます．しかし，子プロセス 1 は execv 関数によって ps コマンドに置換されてしまいます．ps コマンドは標準出力，つまり，ファイルディスクリプタ 1 番を利用します．そこで，dup2 システムコールを使ってファイルディスクリプタ 4 番をファイルディスクリプタ 1 番に複製しておきます．以下のコードで実現できます．

```
dup2(4,1);
```

これで，子プロセス 1 側のファイルディスクリプタ 1 番がバッファに接続できました（図 8.3 ①）．この状態になれば，ps コマンドがファイルディスクリプタ 1 番を利用しても，バッファに出力できます．同様に，子プロセス 2 は execv 関数によって wc コマンドに置換されてしまいます．wc コマンドは標準入力，つまり，ファイルディスクリプタ 0 番を利用します．そこで，dup2 システムコールを使って，ファイルディスクリプタ 3 番をファイルディスクリプタ 0 番に複製しておきます．これも以下のコードで実現できます．

```
dup2(3,0);
```

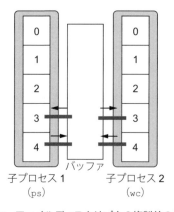

図8.2　ファイルディスクリプタの複製前の状態

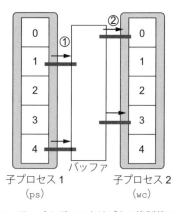

図8.3　ファイルディスクリプタの複製後の状態

子プロセス 2 側のファイルディスクリプタ 0 番がバッファに接続できました（図 8.3 ②）．これで，wc コマンドがファイルディスクリプタ 0 番を利用しても，バッファから入力できます．

8.3 名前付きパイプ

これまでに説明したパイプは，親子関係にあるプロセスでしか使えませんでした．親子関係にないプロセス間で通信を行うには，名前付きパイプや共有メモリ（第 9 章），ソケット通信（第 10 章）を使います．本節では，名前付きパイプを使ったプロセス間通信の方法を解説します．

名前付きパイプとは，FIFO という特殊なファイルを介してプロセス間の通信を行うものです．FIFO ファイルは，通常のファイルと同じようにファイルシステムで扱われます．そのため，書き込み用にオープンされたり読み込み用にオープンされたりします．書き込み用にオープンされている場合，ほかのプロセスから書き込み用にオープンされることはありません．読み込みも同じです．名前付きパイプの特徴をまとめると以下のとおりです．

【名前付きパイプの特徴】
 ・FIFO という特殊なファイルを介する
 ・どんなプロセス間でも通信可能
 ・非同期で単方向のみ（FIFO へ読み込んだり書き込んだりする）
 ・書き込みや読み込みは一つのプロセスからだけ

それでは，名前付きパイプを使ったサンプルプログラム（npip_client.c と npip_server.c）を使って解説します．動作としては，Exercise 8.4（8.1 節）で実行した pip_p.c と pip_c.c と同じです．npip_client.c に単語を入力すると，その文字数を返します．単語の入力はクライアント側プロセス，文字数のカウントはサーバ側プロセスで行います．実行は，サーバ用とクライアント用に端末を二つ開いて両方を実行してください．両方実行したら，npip_client 側に文字列（"Apple" など）を入力します．どちらも Ctrl+C で終了してください．

▶ Exercise 8.6 npip_client.c, npip_server.c と実行結果

```
/////// npip_client.c ///////
1   #include <stdio.h>
2   #include <fcntl.h>
3   #include <sys/stat.h>
4   #include <sys/types.h>
5   #include <string.h>
6   int main(){
7     int fd, ret1, n;
8     char *myfifo = "./named_pipe";      ← 特殊ファイル FIFO の名前とパスを指定
9     char line[256], word[256];
10
11    mkfifo(myfifo,0666);
12    while(1){
13      fgets(line, sizeof(line), stdin);
14      ret1 = sscanf(line, "%[^\n]", word);
15      if( ret1 > 0 ){
16        fd = open(myfifo, O_WRONLY);      ← FIFOファイルを書き込み専用でオープン
17        write(fd, word, sizeof(word));
18        close(fd);
19
20        fd = open(myfifo, O_RDONLY);      ← FIFOファイルを読みとり専用でオープン
21        read(fd, &n, sizeof(n));
22        fprintf(stderr, "%s <-> %d \n", word, n);
23        close(fd);
24      }
25    }
26    return 0;
27  }
```

```
$ ./npip_client
Apple
Apple <-> 5
Ball
Ball <-> 4
So much for today
So much for today <-> 17
Ctrl+C
$
```

```
/////// npip_server.c ///////
1   #include <stdio.h>
2   #include <fcntl.h>
3   #include <sys/stat.h>
4   #include <sys/types.h>
5   #include <string.h>
6   int main(){  //server
7     int fd, n;
8     char *myfifo = "./named_pipe";
9     char line[256], word[256];
10
11    mkfifo(myfifo, 0666);
```

```
12      while(1){
13        fd = open(myfifo, O_RDONLY);    ← FIFOファイルを読みとり専用でオープン
14        read(fd, word, sizeof(word));
15        fprintf(stderr, "client: %s ¥n", word);
16        close(fd);
17
18        fd = open(myfifo, O_WRONLY);    ← FIFOファイルを書き込み専用でオープン
19        n = strlen(word);
20        write(fd, &n, sizeof(n));
21        close(fd);
22      }
23      return 0;
24    }
```

```
$ ./npip_server
client: Apple
client: Ball
client: So much for today
Ctrl+C
$
```

　まずは，npip_client.c から解説します．8 行目 char *myfifo = "./named_
pipe"; では，特殊ファイル FIFO の名前とパスを指定します．このプログラムでは，
カレントディレクトリに named_pipe という名前の FIFO ファイルを作成します．
実際に作成するには，mkfifo 関数を使います．Function 8.8 に mkfifo 関数の書
式を示します．第一引数には，作成したい FIFO ファイルのパスの先頭アドレスを
指定します．プログラムでは，ポインタ変数 myfifo になります．第二引数には，
FIFO ファイルのパーミッション（第 6 章 6.6 節）を 8 進数で指定します．

Function 8.8　mkfifo 関数 ▶ FIFO 特殊ファイルを作成する

書　式	#include <sys/types.h> #include <sys/stat.h> int mkfifo(const char *pathname, mode_t mode);	
引　数	第一引数	FIFO ファイルのパスのアドレス
	第二引数	FIFO ファイルのパーミッション
返り値	成功時	0
	失敗時	-1

解説の途中ですが，FIFO ファイルが作成できているか確認してみましょう．通常の
ファイルと同じ扱いですので，ls コマンドで確認できます．Exercise 8.7 を一度実
行しておいてください．

▶ Exercise 8.7　FIFO ファイルの確認

```
$ ls -l named_pipe
prw-rw-r--. 1 Sato Sato 0 9月13 11:30 named_pipe
$
```

　パーミッションの先頭をみてください．p となっているはずです．p は pipe であることを表します．通常のファイルは -，ディレクトリは d であると第 6 章 6.6 節で解説しました．これで，名前付きパイプでは，FIFO ファイルがファイルシステムで扱われることが確認できました．

　では，npip_client.c の解説に戻ります．キーボードから文字列を入力し，16 行目 fd=open(myfifo, O_WRONLY); で FIFO ファイルを書き込み専用でオープンします．open 関数の書式を Function 8.9 に示します．

Function 8.9　open 関数 ▶ ファイルをオープンする

書　式		#include <sys/types.h> #include <sys/stat.h> #include <fcntl.h> int open(const char *pathname, int flags);
引　数	第一引数	ファイルのパスのアドレス
	第二引数	ファイルのアクセスモード（O_RDONLY，　O_WRONLY，　O_RDWR） 読みとり専用，書き込み専用，読み書き用
返り値	成功時	ファイルディスクリプタの番号
	失敗時	-1

　次に，write システムコールを使って文字列を FIFO に書き込み，オープンした FIFO ファイルのファイルディスクリプタをクローズします．さらに，FIFO ファイルを読みとり専用モードでオープンし，read システムコールで待機します．npip_server.c からの書き込みがあれば読み込んで，文字列と文字数を表示します．

　次に，サーバ側である npip_sever.c を解説します．といっても，ほぼ npip_client.c と同じです．初めは FIFO ファイルを読みとり専用モードでオープンしておき，read システムコールで npip_client 側から書き込まれるまで待機します．書き込まれたら読み込んで，strlen 関数で文字列の長さを計算し，FIFO ファイルへ書き込みます．

8.4 fprintf 関数と printf 関数

本書では，結果の表示は printf 関数を使わずに fprintf 関数（Function 8.10）を使っています．printf 関数との違いは，出力先を指定できることです．printf 関数の出力先は標準出力ですが，fprintf 関数は第一引数に出力先を指定できます．第一引数に stdout を指定すると，printf 関数と同じです．stderr を指定すると標準エラー出力にできます．標準出力は，出力内容をバッファにためてから出力します．そのため，システムコールを使ったプログラムでは，バッファからの出力が遅れることがあります．一方，標準エラー出力は，バッファを介さないので遅れずに出力されます．システムプログラミングを勉強するときに，printf 関数の出力が遅れると理解の妨げになりますので，本書では fprintf 関数を使っています．

Function 8.10 fprintf 関数 ▶ 指定した出力先に出力を書き込む

書　式	#include <stdio.h> int fprintf(FILE *stream, const char *format, ...);	
引　数	第一引数	出力先
	第二引数以降	出力フォーマット
返り値	出力した文字数	

＜本章のまとめ＞

本章では，プロセス間通信の一つであるパイプと名前付きパイプについて解説しました．パイプは親子関係にあるプロセス間でしか使えませんが，コマンドの連結で頻繁に使われています．プログラムでコマンドを連結するには，ファイルディスクリプタの複製が必要になります．名前付きパイプはどんなプロセス間でも使うことができ，FIFO という特殊なファイルを介して通信を行います．次章では，また別のプロセス間通信として，共有メモリについて解説します．

■ 章末問題 ■

8.1 以下の文章は，バッファを介したプロセス間通信によりコマンド ls | wc を実現する手順を説明している．（　）内に適切な数字を答えよ．なお，重複する数字もある．

① 親プロセスは，まずパイプラインを生成する．次に，ls を実行させる子プロセスを生成する．ls の実行結果はバッファに書き込まれる必要がある．しかし，ls を実

行すると，通常はファイルディスクリプタ（以下 fd）（ a ）番を使って画面に出力される．バッファへ書き込むには，fd（ b ）番を fd（ c ）番へ複製すればよい．こうすれば，ls の出力結果は fd（ d ）番のパイプラインを通るものの，バッファへ出力される．

② wc を実行させる子プロセスを生成する．wc へはバッファから入力される必要がある．しかし，wc を実行すると，通常は fd（ e ）番を使ってキーボードから入力される．バッファから入力するには，fd（ f ）番を fd（ g ）番へ複製すればよい．こうすれば，wc への入力は fd（ h ）番のパイプラインを通るもののバッファから入力される．

8.2　次に示すのは，ファイルディスクリプタの複製を行う部分プログラムである．以下の問いに答えよ．

```
1   int fd[2];
2   if (pipe(fd) < 0){ perror("pipe");}
3   dup2(fd[1], STDOUT_FILENO);
4   close(fd[0]);
```

(1) 以下のコードを用いて，fd[1] に入ったファイルディスクリプタの値を表示させたい．プログラムの 1-2, 2-3, 3-4 行目間のいずれに追加すれば値が表示されるか．また，表示されない場合についてその理由を書け．

```
printf("%d¥n", fd[1]);
```

(2) (1) で用いたコードを次に示すコードに変更した．どうなるか考察せよ．

```
fprintf(stderr,"%d¥n", fd[1]);
```

8.3　次に示すプログラム pip2_p.c と pip2_c.c（実行ファイルは pip2_p と pip2_c とする）は，pip_p.c と pip_c.c（Exercise 8.4）に fprintf 関数を 5 か所（太字部分）追加したものである．以下の問いに答えよ．

```
      ///////pip2_p.c///////
1     #include <stdio.h>
2     #include <stdlib.h>
3     #include <sys/types.h>
4     #include <sys/wait.h>
5     #include <unistd.h>
6
7     int main(){
8       pid_t pid;
9       char line[256], rfd[5], wfd[5], word[256];
10      int n, fd[2], st, ret1, ret2;
11
12      ret1 = pipe(fd);
13      if( ret1 < 0 ){
14        perror("pipe");
15        exit(1);
```

```
16      }
17      snprintf(rfd, sizeof(rfd), "%d", fd[0]);
18      snprintf(wfd, sizeof(wfd), "%d", fd[1]);
19
20      fgets(line, sizeof(line), stdin);
21      ret1 = sscanf(line, "%s", word);
22      if( ret1 > 0 ){
23        fprintf(stderr,"a¥n");
24        pid = fork();
25        if(pid==0){
26          ret2 = execl("pip2_c", "pip2_c", rfd, wfd, NULL);
27          if(ret2 < 0){
28            exit(1);
29          }
30        }
31        fprintf(stderr,"b¥n");
32        write(fd[1], word, sizeof(word));
33        wait(&st);
34        fprintf(stderr,"c¥n");
35
36        read(fd[0], &n, sizeof(n));
37        fprintf(stderr, "%s <-> %d ¥n", word, n);
38
39        close(fd[0]);
40        close(fd[1]);
41      }
42      return 0;
43  }
```

```
///////pip2_c.c///////
1   #include <stdio.h>
2   #include <stdlib.h>
3   #include <unistd.h>
4   #include <string.h>
5
6   int main(int argc, char *argv[]){
7     char word[256];
8     int n, rfd, wfd;
9
10    rfd=atoi(argv[1]);
11    wfd=atoi(argv[2]);
12    read(rfd, word, sizeof(word));
13    fprintf(stderr, "x¥n");
14
15    n=strlen(word);
16
17    write(wfd, &n, sizeof(n));
18
19    close(rfd);
20    close(wfd);
21    fprintf(stderr, "y¥n");
22    return 0;
23  }
```

(1) ./pip2_p を実行し，文字列 hello を入力したときの太字部分の fprintf 関数の
結果を表示順に書け．（例：a → b → c → x → y）

(2) 実行ファイル名が pip2_c から pip3_c に変更された場合，pip2_p.c と pip2_c.c
のどちらの何行目を変更する必要があるか．

(3) このプログラムでは，pip2_p.c の 12 行目でバッファへの読みとり用パイプと書き
込み用パイプを生成している．pipe システムコールをもう一つ追加し，12 行目とは
別のバッファへの読みとり用パイプと書き込み用パイプを生成し，それぞれのファイ
ルディスクリプタの値が 5 と 6 であることを確認せよ．

▶ 第9章
共有メモリ

9.1 共有メモリとは

9.1.1 共有メモリ

　第8章でパイプや名前付きパイプについて解説しました．親子関係にかぎらないプロセス間でも通信する方法として，名前付きパイプのほかに，共有メモリ，ソケット通信（第10章）などがあります．本章では，共有メモリについて解説します．また，共有メモリを使うときに必要となる，セマフォを使った排他制御も解説します．

　共有メモリとは，複数のプロセスからアクセスできる共通のメモリのことです．イメージとしては，グローバル変数が近いでしょう．グローバル変数は，同一プロセス内の複数の関数からアクセスできる変数ですね．共有メモリの特徴をまとめると以下のとおりです．

【共有メモリの特徴】
・複数のプロセスで共有できるメモリを利用
・複数のプロセスから読み書きできる
・アクセス速度が速い
・処理が複雑になる（排他制御や同期制御が必要）

　共有メモリを使う利点は，アクセス速度が速いことです．ファイルの入出力やパイプへの読み書きなどよりも速く，プロセス間で頻繁にデータをやりとりするなら共有メモリを使いたいところです．しかし，パイプと比べると少し処理が複雑になります．その理由は，排他制御や同期制御が必要になるからです．このことについては9.2節で解説します．

9.1.2 共有メモリを使ったプログラム

　では，さっそく共有メモリを使ったサンプルプログラム（`mmap_sen.c` と `mmap_rec.c`）を使って解説します．動作は，単語を入力すると，単語を共有メモリにコピーし，別プロセスが共有メモリの文字列を表示して終了する，というものです．単

語の入力は mmap_sen.c で行い，単語の表示は mmap_rec.c で行います．コンパイ
ルはオプション-lrt をつけて実行してください．以上を実行してみてください．

▶ Exercise 9.1　mmap_sen.c, mmap_rec.c と実行結果

```
/////// mmap_sen.c ///////
1   #include <stdio.h>
2   #include <stdlib.h>
3   #include <sys/types.h>
4   #include <sys/stat.h>
5   #include <fcntl.h>
6   #include <unistd.h>
7   #include <sys/mman.h>
8   #include <string.h>
9
10  int main(){
11    char *p, line[4096], command[4096];
12    int fd, ret;
                                          共有メモリオブジェクトをオープン
13
14    fd = shm_open("/shared_memory", O_CREAT | O_RDWR, 0666);
15    if(fd == -1){
16      fprintf(stderr, "shm_open failed¥n");
17      exit(1);
18    }
19
20    ret = ftruncate(fd, sizeof(line));     共有メモリオブジェクトのファイル
21    if(ret < 0){                           サイズを指定
22      perror("ftruncate");
23      exit(1);
24    }
                                    共有メモリオブジェクトをメモリ上にマップ
25
26    p = mmap(NULL, sizeof(line), PROT_WRITE, MAP_SHARED, fd, 0);
27    if(p == MAP_FAILED){
28      perror("mmap");
29      exit(1);
30    }
31
32    fgets(line, sizeof(line), stdin);
33    ret = sscanf(line, "%[^¥n]", command);
34    if(ret > 0){                              配列 command 内の文字列を
35      strncpy(p, command, sizeof(command));   共有メモリにコピーする
36    }
37    if(munmap(p, sizeof(line)) == -1){    マップを削除
38      perror("munmap");
39      return 1;
40    }
41    close(fd);
42    return 0;
43  }
```

```
$ ./mmap_sen
It's nice weather today
$
```

```
/////// mmap_rec.c ///////
1   #include <stdio.h>
2   #include <stdlib.h>
3   #include <sys/types.h>
4   #include <sys/stat.h>
5   #include <fcntl.h>
6   #include <unistd.h>
7   #include <sys/mman.h>
8
9   int main(int argc, char *argv[]){
10    char *p;
11    int fd, ret;
12                          ┌─ 共有メモリオブジェクトを読みとり専用でオープン ─┐
13    fd = shm_open("/shared_memory", O_RDONLY, 0666);
14    if(fd == -1){
15      fprintf(stderr, "shm_open failed¥n");
16      exit(1);
17    }                              ┌─ 読みとり専用でマップする ─┐
18    p = mmap(NULL, 4096, PROT_READ, MAP_SHARED, fd, 0);
19    if(p == MAP_FAILED){
20      perror("mmap");
21      exit(1);
22    }
23
24    fprintf(stderr, "%s¥n",p);
25
26    ret = munmap(p, sizeof(char));
27    if(ret == -1){
28      perror("munmap");
29      exit(1);
30    }
31    shm_unlink("/shared_memory");  ┌─ 共有メモリオブジェクトを削除 ─┐
32    close(fd);
33    return 0;
34  }
```

```
$ ./mmap_rec
It's nice weather today
$
```

　実行できたでしょうか？　まずは mmap_sen.c から解説します．最初に，14 行目
shm_open システムコールで共有メモリオブジェクトをオープンします．簡単にい
うと，共有メモリに使うファイルをオープンします．そのファイルは通常のファイル
とほとんど同じです．このファイルを，後述する mmap システムコールでメモリに
マップする†と，共有メモリになります．shm_open システムコールの書式を
Function 9.1 に示します．第一引数には，共有メモリオブジェクトの名前を指定し

---

†　ファイルとメモリをつなげてファイルをメモリのように扱うこと．

ます．名前は自由に決められますが，先頭は /（スラッシュ）にする必要があります．
第二引数には，共有メモリオブジェクトを O_RDONLY（読みとり専用）と O_RDWR
（読み書き用）のどちらでオープンするか指定し，O_CREAT（存在しないとき新規作
成）などとの論理和を指定します．第三引数には，共有メモリオブジェクトのパー
ミッションを指定します．返り値は，オープンした共有メモリオブジェクトのファイ
ルディスクリプタの番号です．

Function 9.1　shm_open **システムコール** ▶ 共有メモリオブジェクトをオープン
する

書　式		#include <sys/types.h> #include <sys/mman.h> #include <fcntl.h> int shm_open(const char *path, int flags, mode_t mode);
引　数	第一引数	共有メモリオブジェクトの名前（ / で始めること）
	第二引数	ビットマスク（O_RDONLY, O_RDWR の一方と O_CREAT, O_EXCL, O_TRUNC との論理和）
	第三引数	共有メモリオブジェクトのパーミッション
返り値	成功時	オープンしたファイルディスクリプタの番号
	失敗時	-1

　次に，共有メモリオブジェクトのファイルサイズを指定します．指定には，
ftruncate システムコール（Function 9.2）を使います．第一引数には，ファイル
サイズを変更したいファイルのファイルディスクリプタの番号を指定します．第二引
数にはサイズを指定します．20 行目では，配列 line のサイズを指定しているため，
11 行目より，4096 バイトのファイルサイズになります．

Function 9.2　ftruncate **システムコール** ▶ ファイルを指定したサイズに切り詰
める，または延長する

書　式		#include <sys/types.h> #include <unistd.h> int ftruncate(int fd, off_t length);
引　数	第一引数	ファイルサイズを変更したいファイルのファイルディスクリ プタの番号
	第二引数	指定するサイズ
返り値	成功時	0
	失敗時	-1

26行目のmmapシステムコール（Function 9.3）で共有メモリオブジェクトをメ
モリ上にマップします．第一引数はNULL，第六引数は0を指定しておきましょう．
第二引数にはマップするサイズを指定し，第三引数には読み書きモードを指定します．
プログラムでは，共有メモリに書き込みを行いますのでPROT_READを指定していま
す．第四引数には，共有メモリであればMAP_SHAREDを指定します．第五引数には，
マップしたいファイルのファイルディスクリプタの番号を指定します．返り値はマッ
プされた領域のアドレスです．この返り値をchar型のポインタ変数pに格納すれ
ば，char p[4096];が宣言されているのと同じ状態になります．そのため，共有
メモリに文字 'a' を書き込みたければ，p[0]='a'; p[1]='0'; とします．

Function 9.3　mmap **システムコール** ▶ 指定したファイルをメモリにマップする

書　式	#include <sys/mman.h> void *mmap(void *addr, size_t length, int prot, int flags, 　　　　　　　　　　　　　　　　　　int fd, off_t offset);	
引　数	第一引数	新しいマッピングの開始アドレス．NULL の場合 OS がアドレスを選択．
	第二引数	マップするサイズ
	第三引数	読み書きモードの指定（共有メモリオブジェクトと矛盾しないこと） モードは，読み込み可能は PROT_READ，書き込み可能は PROT_WRITE などがある
	第四引数	マッピングに対する更新がほかのプロセスからみえるかどうかを指定 マップを共有するなら MAP_SHARED とする
	第五引数	マップしたいファイルのファイルディスクリプタの番号
	第六引数	マッピングを開始するオフセット
返り値	成功時	マップされた領域のアドレス
	失敗時	MAP_FAILED

文字列を書き込みたいのであれば，strncpy関数（Function 9.4）を使います．
プログラムでは，strncpy(p,command,sizeof(command));となっていますので，
配列command内の文字列を共有メモリにコピーします．

Function 9.4	`strncpy` 関数 ▶ 文字列をコピーする

書　式	`#include <string.h>` `char *strncpy(char *dest, const char *src, size_t n);`	
引　数	第一引数	コピー先のアドレス
	第二引数	コピー元のアドレス
	第三引数	コピーする最大文字数
返り値	文字列 dest のアドレス	

　最後は，munmap システムコール（Function 9.5）によりマップを削除し，close
システムコールでオープンしたファイルディスクリプタをクローズします．これで，
文字列を共有メモリにコピーすることができました．

Function 9.5	`munmap` システムコール ▶ 指定したアドレス範囲のマップを削除する

書　式	`#include <sys/mman.h>` `int munmap(void *addr, size_t length);`	
引　数	第一引数	マップされた領域のアドレス
	第二引数	マップされたサイズ
返り値	成功時	0
	失敗時	-1

　次は，別プロセスから共有メモリ内の文字列をコピーして表示するプログラム
mmap_rec.c を解説します．まず，13 行目 shm_open システムコールにより，
mmap_sen.c と同じ共有メモリオブジェクトを読みとり専用モードでオープンしま
す．18 行目は，mmap システムコールで読みとり専用モードでマップします．返り値
を char 型のポインタ変数 p に格納します．mmap_sen.c で文字列がコピーされて
いるはずですので，すぐに fprintf 関数で表示します．最後は，共有メモリオブ
ジェクトを shm_unlink システムコール（Function 9.6）で削除して終了します．

Function 9.6	shm_unlink **システムコール** ▶ すべてのプロセスがマップを削除後，共有メモリを削除する

書　式	#include <sys/types.h> #include <sys/mman.h> #include <fcntl.h> int shm_unlink(const char *name);	
引　数	第一引数	共有メモリオブジェクトの名前
返り値	成功時	0
	失敗時	-1

　初めて使うシステムコールが多いですが，処理の流れはシンプルです．共有メモリオブジェクトを作成し，ファイルサイズを指定し，メモリ上にマップするだけです．返り値はマップされた領域のアドレスなので，代入やコピーで共有メモリにデータを書き込んだり読み込んだりすることができます．

9.1.3　共有メモリオブジェクトの確認

　さて，共有メモリオブジェクトが本当に作成されているか確認してみましょう．共有メモリオブジェクトは，/dev/shm ディレクトリ内に作成されます．実行してみてください．

▶ Exercise 9.2　共有メモリオブジェクトの確認

```
$ ls -l /dev/shm
$ ./mmap_sen
I'm John
$ ls -l /dev/shm
合計 4
-rw-rw-r--. 1 Sato Sato 4096 9月17 16:36 shared_memory
$
```

　./mmap_sen を実行する前は，/dev/shm にはファイルはありませんでした．Exercise 9.1 で ./mmap_rec を実行していれば，共有メモリは削除されているはずです．しかし，./mmap_sen を実行後に再び ls -l を実行すると，プログラムで指定したファイル名と同じ名前のファイルが同じサイズで作成されているのが確認できます．./mmap_rec を実行すると，mmap_rec.c 内では shm_unlink システムコールを実行しているため，共有メモリオブジェクトが削除されます．これも確認しておいてください．

9.2 排他制御

9.2.1 排他制御

　排他制御というのは，ざっくりいうと処理を"独り占め"する手法のことです．たとえば，複数人が一つのメモを編集できるアプリがあるとします．スマートフォンAとBからその共通のメモ（たとえば旅行先）を読みとって，編集し，書き込みます．このとき，排他制御しないと図9.1のようなことが起きてしまいます．

　図9.1では，スマートフォンAがメモを編集中にスマートフォンBが同じメモを読み込んでいます．このため，スマートフォンAが「大阪」と書き込んだはずのメモが上書きされてしまいました．このようなことを防ぐには，誰かが編集中は他者が編

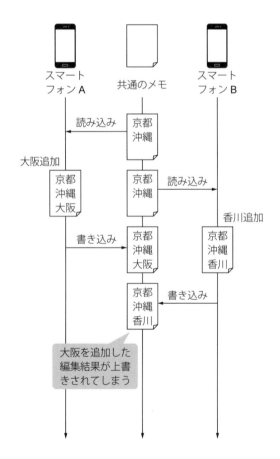

図9.1　排他制御しない場合

集できないようにします．つまり，編集中は独り占めすればよいのです．その間，他者には待っていてもらいます．編集が終了すれば，待っていた者が編集します．これが排他制御とよばれる処理です．排他制御する場合を図9.2に示します．スマートフォンAがメモを編集している間，スマートフォンBはメモの読み込みができなくなります．スマートフォンAの編集が終わると，スマートフォンBからの読み込みが可能になります．スマートフォンBの編集中も独り占め状態なので，今度はスマートフォンAからの読み込みができなくなります．パイプを使ったプロセス間通信では，一度バッファから読み込むとバッファが空になるため，書き込まれるまでは読みとることができませんでした．そのため，同期をとる必要はありましたが，排他制御は不要でした．しかし，共有メモリは読み込んでも消えないため，図9.1のようなことが起きます．そこで，排他制御が必要になります．Linuxでは，排他制御を行

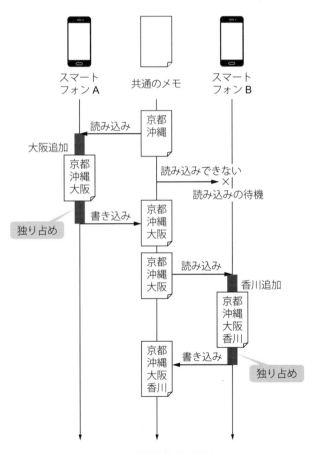

図 9.2　排他制御する場合

うのにセマフォとよばれる概念を使います.

9.2.2　セマフォを使った排他制御の流れ

　Exercise 8.4 の名前付きパイプで実現した処理を例に,セマフォを使った排他制御を解説します. ここでは,Exercise 8.4 の親プロセスをプロセス A,子プロセスをプロセス B とします. つまり,プロセス A に単語を入力し,バッファへ書き込んで待機します. プロセス B はバッファから単語を読み込み,文字数を計算しバッファへ書き込みます. 待機していたプロセス A は,バッファから文字数を読み込み,値を表示後,入力待ちに戻ります. ここでは,この処理のうち,バッファを共有メモリに置き換えた場合を考えます. また,この処理では名前付きパイプの代わりに共有メモリを使います. 共有メモリを使うと排他制御が必要になるため,セマフォを利用します. 図 9.3 に流れを示します.

　セマフォは,セマフォ値という正の整数値をもちます. セマフォには各プロセスからアクセス可能です. セマフォは,セマフォ値の加算操作と減算操作のみ可能です. 加算操作を V 操作,減算操作を P 操作とよびます. セマフォの特徴を以下に挙げます.

【セマフォの特徴】
・セマフォ値を減算操作すると排他制御を開始する
・セマフォ値を加算操作すると排他制御が終了する
・セマフォ値は 0 未満にはなれない
・減算操作によりセマフォ値が 0 未満になる場合は減算操作が保留され,そのプロセスは待ち行列に入る(セマフォ値が増えて減算操作できるようになるとプロセスは再開される)

　イメージとしては,セマフォは整理券のようなものです. 会場に入場するための整理券が 1 枚だけあったとき,一人 1 枚必要なら一人が整理券を使うと残りはゼロのため,それ以降会場に入りたい人は待機します. 会場から出て整理券を返却すると,待機していた人が整理券を使って入場します. もし整理券が 2 枚ないと入れない人がいた場合,2 枚返却されるまでは待機します. 1 枚が返却されても入場できません. もし 1 枚で入場できる人がいた場合は,その人がさきに入場してしまいます.

　図 9.3 を使って解説します. これは,上記のイメージでいうと,プロセス B が整理券が 2 枚ないと入れない人にあたります. まず,セマフォの初期値を 1 にしておきます. プロセス A が,-1 の減算操作を行おうとします. このときのセマフォ値は 1 ですから減算操作可能です. セマフォ値が 0 となります. セマフォ値が 0 ですから,

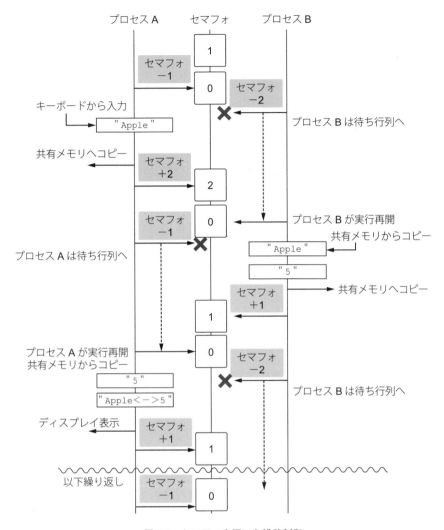

図 9.3 セマフォを用いた排他制御

ほかのどのプロセスも減算操作できなくなります。プロセス A と並行してプロセス B が −2 の減算操作を行おうとします。このとき、セマフォ値は 0 ですから減算操作できません。そのため減算操作が保留され、プロセス B は待ち行列に入ります。補足ですが、プロセス A とプロセス B は並列に処理されますので、プロセス A の減算操作よりも前にプロセス B の減算操作が実行されるかもしれません。そのときも、プロセス B は待ち行列に入ります。セマフォ値が 1 でも −2 の減算操作ができないためです。

　プロセス A はキーボードから文字列 "Apple" を入力し，共有メモリへコピーします．次に，セマフォ値を加算操作 (+2) します．すると，プロセス B の保留されていた減算操作が実行され，プロセス B の実行が再開されます．セマフォ値は 0 になります．プロセス A は再度減算操作 (-1) を実行しようとしますが，セマフォ値が 0 のため減算操作が保留され，プロセス A が待ち行列に入ります．

　プロセス B は共有メモリから文字列 "Apple" をコピーし，文字数をカウントして "5" を共有メモリへコピーします．プロセス A に動いてもらうため，セマフォ値を加算操作 (+1) します．プロセス A の保留されていた減算操作 (-1) が実行され，プロセス A の実行が再開されます．セマフォ値は 0 になります．プロセス B は再度減算操作 (-2) を実行しようとしますが保留され，プロセス B が待ち行列に入ります．

　プロセス A は共有メモリから "5" をコピーし，"Apple <-> 5" をディスプレイに出力します．そして，加算操作 (+1) を実行し，最初の状態に戻ります．

　最初はなかなか理解しにくいかもしれません．図 9.3 やサンプルプログラムを詳細にみていけば，だんだん理解できてくると思います．

9.2.3　セマフォを使った排他制御のプログラム

　それでは，サンプルプログラム（mmap_s_sem.c と mmap_r_sem.c）を実行してみましょう．コンパイルはオプション-lrt をつけて実行してください．また，端末を二つ開いて片方で mmap_s_sem.c を，もう片方で mmap_r_sem.c を実行してください．

　両方実行したら，mmap_s_sem 側に文字列（"Apple" など）を入力します．"exit" と入力すると両方のプロセスが終了します．実行すると Exercise 9.3 のようになります．

▶ Exercise 9.3　mmap_s_sem，mmap_r_sem の実行結果

```
/////// mmap_s_sem.c ///////
1  #include <stdio.h>
2  #include <stdlib.h>
3  #include <sys/types.h>
4  #include <sys/stat.h>
5  #include <fcntl.h>
6  #include <unistd.h>
7  #include <sys/mman.h>
8  #include <string.h>
9  #include <sys/ipc.h>
10 #include <sys/sem.h>
11
12 int main(){
```

```
13      char *p, line[4096], command[4096];
14      int fd, ret1, ret2, ret3, tmp, i, semid;
15      key_t semkey;
16      struct sembuf buf;
17
18      semkey = ftok("mmap2_r_sem", 'a');  ← キーの作成
19      semid = semget(semkey, 1, IPC_CREAT|IPC_EXCL|0666);   // 既存のセマフォの有無
20      if(semid < 0){   // 既存のセマフォが存在
21        semid = semget(semkey, 1, IPC_CREAT|0666);   // 同一キーで作成
22      }
23      else{
24        semctl(semid, 0, SETVAL, 1);  ← 作成したセマフォを初期化する
25      }
26      buf.sem_num = 0;
27      buf.sem_flg = 0;
28
29      fd = shm_open("/shared_memory", O_CREAT | O_RDWR, 0666);
30      if(fd == -1){
31        fprintf(stderr, "shm_open failed¥n");
32        exit(1);
33      }
34
35      ret1 = ftruncate(fd, sizeof(line));
36
37      p = mmap(0, sizeof(line), PROT_WRITE|PROT_READ, MAP_SHARED, fd, 0);
38      if(p == MAP_FAILED){ perror("mmap"); return 1;}
39      while(1){
40        buf.sem_op = -1;
41        semop(semid, &buf, 1);
42        fprintf(stderr, "> ");
43        fgets(line, sizeof(line), stdin);
44        ret2 = sscanf(line, "%[^¥n]", command);
45        if(ret2 < 0) break;
46        ret3 = strcmp(command, "exit");
47        strncpy(p, command, sizeof(command));
48        buf.sem_op = 2;  ← 増減させるセマフォの値を2に設定
49        semop(semid, &buf,1);  ← 実際にセマフォの値を操作
50        if(ret3 == 0) {
51          break;
52        }
53        buf.sem_op = -1;  ← 増減させるセマフォの値を-1に設定
54        semop(semid, &buf, 1);  ← 実際にセマフォの値を操作
55        fprintf(stderr, "=%s <-> %s=¥n", command, p);
56        buf.sem_op = 1;  ← 増減させるセマフォの値を1に設定
57        semop(semid, &buf, 1);  ← 実際にセマフォの値を操作
58      }
59
60      if(munmap(p, sizeof(line)) == -1){ perror("munmap"); }
61      if(semctl(semid, 0, IPC_RMID) != 0){ perror("semctl"); }
62      close(fd);
63      return 0;
64  }
```

```
$ ./ mmap_s_sem
> Apple
=Apple <-> 5=
> Ball
=Ball <-> 4=
> exit
$
```

```
/////// mmap_r_sem.c ///////
1   #include <stdio.h>
    /* 省略：mmap_s_sem.c の include ファイルと同じ */
12  int main(int argc, char *argv[]){
13    char *p, *ptr, count[4096];
14    int fd, ret1, semid, n, i;
15    key_t semkey;
16    struct sembuf buf;
17
18    semkey = ftok("mmap2_r_sem", 'a');
19    semid = semget(semkey, 1, IPC_CREAT|IPC_EXCL|0666);
20    if(semid < 0){
21      semid = semget(semkey, 1, IPC_CREAT|0666);
22    }
23    else{
24      semctl(semid, 0, SETVAL, 1);
25    }
26    buf.sem_num = 0;
27    buf.sem_flg = 0;
28    fd = shm_open("/shared_memory", O_RDWR, 0666);
29    if(fd == -1){
30      fprintf(stderr, "shm_open failed¥n");
31      exit(1);
32    }
33    p = mmap(0, 4096, PROT_READ|PROT_WRITE, MAP_SHARED, fd, 0);
34    if(p == MAP_FAILED){ perror("mmap"); return 1;}
35    while(1){
36      buf.sem_op = -2;
37      semop(semid, &buf, 1);
38      fprintf(stderr, "-%s-¥n", p);
39      ret1 = strcmp(p, "exit");
40      if(ret1 == 0) break;
41
42      n = strlen(p);
43      snprintf(count, sizeof(count), "%d", n);
44      fprintf(stderr, "%s¥n", count);
45      strncpy(p, count, 4096);
46
47      buf.sem_op = 1;
48      semop(semid, &buf, 1);
49    }
50
51    if(munmap(p, sizeof(char)) == -1){ perror("munmap"); }
52
```

```
53    close(fd);
54    shm_unlink("/shared_memory");  ──[共有メモリの削除]
55    return 0;
56  }
```

```
$ ./ mmap_r_sem
-Apple-
5
-Ball-
4
-exit-
$
```

　mmap_s_sem.c を解説します．まずはセマフォを作成します．セマフォを作成するためにはキーが必要になります．なぜなら，セマフォはどのプロセスからでもアクセスできてしまうため，処理に関係するプロセスだけが作成したセマフォにアクセスできるようにする必要があるからです．共通のキーを使えば共通のセマフォを操作できます．18 行目 ftok 関数（Function 9.7）でキーを作成します．第一引数にファイル名，第二引数にアルファベットを指定しています．同じファイル名，同じアルファベットを使用しないかぎり，同じキーが生成されることはありません．

Function 9.7　ftok 関数 ▶ パス名とプロジェクト識別子からキーを生成する

書 式	#include <sys/types.h> #include <sys/ipc.h> key_t ftok(const char *pathname, int proj_id);	
引 数	const char *pathname	プログラムのパス名
	int proj_id	プロジェクト識別子
返り値	成功時	生成されたキー
	失敗時	-1

　次に，19 行目 semget システムコール（Function 9.8）によりセマフォを作成し，識別子を得ます．既存のセマフォがあれば-1 が返るため，同一キーの既存のセマフォを使います．第一引数には ftok 関数で作成したキーを指定します．第二引数は作成するセマフォの個数を指定します．このプログラムでは，セマフォは一つしか使わないので 1 となります．第三引数にはモードを指定します．新規に作成するなら IPC_CREAT を指定し，論理和でパーミッションも指定します．セマフォを 1 個作成するとそのセマフォのセマフォ番号は 0 番となり，2 個作成するとセマフォ番号は 0 番と 1 番となります．

Function 9.8　semget **システムコール** ▶ セマフォを作成し識別子を得る

書　式	#include <sys/types.h> #include <sys/ipc.h> #include <sys/sem.h> int semget(key_t key, int nsems, int semflg);	
引　数	key_t key	キー
	int nsems	作成するセマフォの個数
	int semflg	新規に作成する (IPC_CREAT)，同じキーですでに作成済み (IPC_EXCL)，パーミッション
返り値	成功時	作成したセマフォの識別子
	失敗時	-1

　作成したセマフォを初期化します．初期化には semctl システムコール（Function 9.9）を使います．24 行目 semctl(semid,0,SETVAL,1); の第一引数は，作成したセマフォの識別子を指定します．第二引数には，操作するセマフォの番号を指定します．このプログラムでは，semget システムコールで 1 個しか作成していないので，0 番のセマフォしかありません．第三引数にはコマンドを指定します．おもなコマンドを表9.1に示します．コマンドによって第四引数の有無が決まります．SETVAL は一つのセマフォに値を設定し，第四引数にセマフォの初期値を設定します．ここでは，セマフォの初期値は 1 となります．

Function 9.9　semctl **システムコール** ▶ セマフォの制御を行う

書　式	#include <sys/types.h> #include <sys/ipc.h> #include <sys/sem.h> int semctl(int semid, int semnum, int cmd, ...);	
引　数	int semid	セマフォ識別子
	int semnum	操作するセマフォの番号
	int cmd	コマンドを表 9.1 に示す．
返り値	成功時	cmd によって異なる
	失敗時	-1

表 9.1 semctl システムコールの第三引数のおもなコマンド

コマンド名	説 明
IPC_RMID	セマフォを削除する
GETALL	すべてのセマフォの現在地を返す
GETPID	セマフォに最後にアクセスしたプロセスのプロセス ID を返す
GETNCNT	セマフォ値が増加するのを待っているプロセス数を返す
SETALL	すべてのセマフォに値を設定する
SETVAL	一つのセマフォに値を設定する

　セマフォを操作するには，どのセマフォ番号にどんな操作をどんなフラグで実行するかを指定する必要があります．そのための構造体が struct sembuf 構造体です．struct sembuf 構造体を以下に示します．

【struct sembuf 構造体】

```
struct sembuf{
  unsigned short sem_num;   // 操作するセマフォ番号
  short          sem_op;    // 増減させるセマフォの値
  short          sem_flg;   // 操作フラグ
};
```

　プログラムでは，buf.sem_num=0; と buf.sem_flg=0; を指定しています．操作するセマフォ番号は 0 番で，操作フラグは 0 を指定します．操作フラグは，ほかに IPC_NOWAIT や SEM_UNDO があります．セマフォが複数ある場合は構造体の配列にします．このプログラムでは struct sembuf buf; としていますが，struct sembuf buf[2]; とすれば 2 個のセマフォの操作を指定できます．メンバ sem_op の値を指定していませんが，これはプログラム中でセマフォ値を増減操作するときにその都度指定します．

　共有メモリの指定は Exercise 9.1 で解説したので省略します．40 行目でメンバ sem_op の値を-1 に設定します．次の semop システムコールで実際にセマフォの値を操作します．第一引数にはセマフォの識別子，第二引数には struct sembuf 構造体のアドレスを指定します．第三引数にはセマフォの個数を指定します．これによってセマフォの値が減算操作（-1）されます．セマフォの値が 1 以上あれば，このプロセスは次の処理に進むことができます．

Function 9.10　semop システムコール ▶ セマフォの操作を行う

書　式	`#include <sys/types.h>`
	`#include <sys/ipc.h>`
	`#include <sys/sem.h>`
	`int semop(int semid, struct sembuf *sops, size_t nsops);`

引　数	`int semid` ／ セマフォ識別子
	`struct sembuf *sops` ／ `struct sembuf` 構造体のアドレス
	`size_t nsops` ／ セマフォの個数
返り値	成功時 ／ 0
	失敗時 ／ -1

　キーボードから文字列を入力し，strncpy 関数によって共有メモリへコピーします（47 行目）．その後，セマフォ値を加算操作（+2）します（このとき，mmap_r_sem プロセスはセマフォ値の減算操作（-2）で待っているので，mmap_r_sem プロセスの実行が再開されます）．続いて，減算操作（-1）をしますが，セマフォ値は 0 になっているので，ここで待機します．mmap_r_sem プロセスが加算操作（+1）を行うと再開されます．再開後は共有メモリの値を表示し，加算操作（+1）を行い最初の状態に戻ります．

　文字列 "exit" を入力すると while ループを抜け出し，munmap システムコールでマップを削除します．

　次に mmap_r_sem.c を解説します．といっても処理の順番が異なるだけで，ほぼ mmap_s_sem.c と同じです．プログラムの最後に shm_unlink システムコールで共有メモリを削除しています．

9.2.4　セマフォの確認

　さて，セマフォが本当に作成されているか確認してみましょう．セマフォはコマンド ipcs -s により確認できます．実行してみてください．

▶ Exercise 9.4　セマフォの確認

```
$ ipcs -s
------ セマフォ配列 --------
キー        semid      所有者   権限      nsems
$ ./mmap_s_sen
Ctrl+C
$ ipcs -s
------ セマフォ配列 --------
キー        semid      所有者   権限      nsems
```

```
0x6102bc13 819200       Sato    666             1
$
```

　プログラム mmap_s_sen.c ではセマフォを削除しないのでこちらを使います．ま
ず，ipcs -s で現在のセマフォを確認します．Exercise 9.4 の例ではセマフォはあ
りません．次に ./mmap_s_sen を実行し，Ctrl+C で終了します．このとき，作成
されたセマフォは削除されていません．そこで再び ipcs -s を実行すると，セマ
フォを確認することができました．削除するには，ipcrm -s 819200 とします．

＜本章のまとめ＞

　本章では，プロセス間通信の一つである共有メモリについて解説しました．共有メ
モリは，パイプに比べて高速な通信が可能になります．なぜなら，read や write
システムコールを使用せずに済むからです．共有メモリは，マップすることで普通の
配列と同じように扱うことができます．しかし，排他制御や同期制御が必要になりま
す．排他制御や同期制御にはセマフォを用います．セマフォは減算操作と加算操作を
行います．減算操作は，セマフォ値が 0 未満にならなければできます．減算操作に
より 0 未満になる場合は，セマフォ値が増えるまで（ほかのプロセスが加算操作を
行うまで）待ちます．

　本章では，排他制御の解説を行いました．同期制御も同様にできます．たとえば，
二つのプロセスが同時に開始するようにできます．これにはセマフォが二つ必要です．
ぜひチャレンジしてみてください．次章では，プロセス間通信の最後の例として，ソ
ケット通信について解説します．

··· ■ 章末問題 ■ ···

9.1. mmap_sen.c と mmap_rec.c（Exercise 9.1）では文字列を送受信している．整数を
　　　送受信するように書き換えた q9-1s.c と q9-1r.c を作成せよ．
　　　　▶ ヒント：mmap システムコールの返り値のほうは void 型ポインタである（決まってい
　　　　　　　　ない）ためキャスト（型変換）する．
　　　　　　　：int 型のサイズは sizeof (int) とすればよい．

9.2. mmap_r_sem.c（Exercise 9.3）を改良して，"exit" を受信後にセマフォを削除して
　　　終了するようにした q9-2r.c を作成せよ．

▶ 第10章
ソケット通信

10.1 ソケット通信とは

10.1.1 ソケット通信

　これまでに説明したように，シグナルやパイプ，共有メモリを使えばプロセス間で通信できました．しかし，同じ PC 内のプロセスに限定されています．これらの方法では，異なる PC のプロセスとは通信することができません．そこで，本章では，ソケットとよばれるプロセス間通信について解説します．ソケットを使えば，異なる PC のプロセスと通信することができます．異なる PC で通信するということは，いわゆるインターネットですね．たとえば，私たちが普段ブラウザで Web サイトを閲覧しているのが，異なる PC のプロセス間通信にあたります．つまり，Web サーバのプロセスとブラウザのプロセスとの通信です．ただし，Web サーバの場合はソケット通信とよばずに HTTP 通信とよびます．HTTP 通信は，ソケット通信をベースにした通信です．そのため，HTTP 通信であってもソケット通信の機能は使っています．ソケット通信と HTTP 通信の関係を図 10.1 に示します．

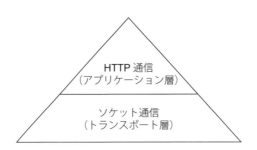

図 10.1　ソケット通信と HTTP 通信の関係

　ソケット通信は，OSI 参照モデル（通信における役割の分類モデル）のトランスポート層の通信であり，HTTP 通信は上位層にあたるアプリケーション層の通信です．ソケット通信でも HTTP 通信でも，データをやりとりできることに変わりはありません．HTTP 通信を使ったほうが便利なことが多いと思いますが，本書ではベースになっているソケット通信をとり上げたいと思います．また，ソケット通信では，

TCP と UDP どちらのプロトコル（規約）も使用できますが，本書では TCP プロトコルを使います．TCP プロトコルは，通信の信頼性が高く，バイトストリーム型（データの区切りがない）という特徴があります．データの区切りがないというのは，たとえば連続して 2 回データを送信した場合でも，1 回の受信で一つのデータとして扱ってしまいます．したがって，あらかじめ区切り文字を決めておくなどの対応が必要になります．

　ソケット通信では，サーバ側とクライアント側に分かれます．サーバ側がクライアント側からの接続を待ち，クライアント側はサーバへ接続してデータの送受信を行います．たとえば，私たちがブラウザでサイトを閲覧するときをイメージしましょう．このとき，私たちのブラウザがクライアント側になり，サイトはサーバ側となります．サイト（サーバ側）がブラウザ（クライアント側）からの接続を待っている関係になっていますね．一度接続されれば双方向に通信できます．

　ソケットは，サーバ側とクライアント側の両方に作成します．ソケットは例えるならコンセントのようなものです．サーバ側にコンセントの受け口を用意しておき，クライアント側はコンセントのプラグをサーバ側に挿して接続するイメージです．サーバ側のコンセントの受け口には，IP アドレスとポート番号を設定しておきます．IP アドレス（例 192.168.1.1）は PC のネットワーク上の住所のことです．IP アドレスだけで地球上のどの PC かを特定できます．ポート番号は，ソケット通信に必要となりアプリごとに割り当てられる番号です．0 番から 65535 番まであります．たとえば，ブラウザでインターネットを閲覧するには 80 番，メールを送るには 25 番，受信するには 110 番などとアプリごとに決まっています．データを受け取る PC は，データが入ってくるポート番号によってどのアプリへのデータかを判別するしくみになっています．

10.1.2　ソケット通信を実現するプログラム

　では，ソケット通信を実現するサンプルプログラム（server_socket.c と client_socket.c）を解説します．まずは，おおまかなソケット通信の流れを理解しておきましょう．サーバ側の手順とクライアント側の手順を示します．サーバ側の手順のほうが少し複雑になります．

【サーバ側の手順】
1. ソケットを作成する（socket システムコール）
2. 作成したソケットに IP アドレスとポート番号を与える（bind システムコール）
3. クライアント側からの接続要求を受け付ける準備が整ったことを示す（listen システムコール）

4. クライアント側からの接続を受け入れる（accept システムコール）
5. データの送受信を行う (send, recv システムコール)
6. 作成したソケットを閉じる (close システムコール)

【クライアント側の手順】
1. ソケットを作成する（socket システムコール）
2. 作成したソケットをサーバ側のソケットに接続する（IP アドレスとポート番号を指定）（connect システムコール）
3. データの送受信を行う（send, recv システムコール）
4. 作成したソケットを閉じる（close システムコール）

それでは，サンプルプログラムを実行してみましょう．このプログラムでは，クライアントからサーバへ文字列を送信すると，サーバが文字列の長さを計算し，結果をクライアントへ送信します．端末は，サーバ側とクライアント側の二つを開いてください．使用するポート番号を 5000 番とします．サーバ側のコマンドライン引数に5000 と入力します．クライアント側には，サーバの IP アドレスとポート番号を指定します．別の PC でクライアント側を実行するなら，サーバ側の PC の IP アドレスが必要です．ここでは同一 PC で実行するため，IP アドレスを 0.0.0.0 としています．両方実行したら，./client_socket 側に文字列（"Apple" など）を入力します．"exit" と入力すると両方のプロセスが終了します．

▶ Exercise 10.1 server_socket.c, client_socket.c と実行結果

```
////// server_socket.c //////
1  #include <stdio.h>
2  #include <string.h>
3  #include <sys/types.h>
4  #include <sys/socket.h>
5  #include <netinet/in.h>
6  #include <arpa/inet.h>
7  #include <netdb.h>
8  #include <stdlib.h>
9  #include <unistd.h>
10
11 #define BUF_SIZE 256
12
13 int main(int argc, char *argv[]){
14   unsigned short port;
15   int sfd=-1, cfd=-1;   // サーバ用ソケットとクライアント用ソケット
16   int ret, n, on=1;
17   struct sockaddr_in s_addr, c_addr;
18   int addr_len=sizeof(struct sockaddr_in);
19   char buf[BUF_SIZE];
20
```

```
21      if(argc!=2){
22        fprintf(stderr,"Usage: $ ./server_socket [port]¥n");
23        exit(1);
24      }
25      port=(unsigned short)atoi(argv[1]);
26
27      // ソケットの生成
28      sfd=socket(AF_INET, SOCK_STREAM, IPPROTO_TCP);
29
30      //TIME_WAIT 中にサーバを再スタートしたとき，ポートを再利用できるようにする
31      ret = setsockopt(sfd, SOL_SOCKET, SO_REUSEADDR, (char *)&on,
                                                        sizeof(on));
32      if(ret < 0){
33        perror("setsockopt");
34        exit(1);
35      }
36      //sockaddr_in 構造体に IP,port をセット
37      memset(&s_addr, 0, sizeof(s_addr));
38      s_addr.sin_port = htons(port);
39      s_addr.sin_family = AF_INET;
40      s_addr.sin_addr.s_addr = htonl(INADDR_ANY);
41      fprintf(stderr, "Address=%s, Port=%u¥n",
                                        inet_ntoa(s_addr.sin_addr), port);
42
43      // ソケットの bind
44      bind(sfd,(struct sockaddr *)&s_addr, sizeof(s_addr));
45
46      // ソケットへの新規接続要求を受け付け開始
47      listen(sfd, 5);
48      fprintf(stderr, "Waiting for connection...¥n");
49
50      // 接続要求を受け付ける
51      cfd = accept(sfd, (struct sockaddr *)&c_addr, &addr_len);
52      fprintf(stderr, "Connected from %s¥n", inet_ntoa(c_addr.sin_addr));
53
54      // クライアントとの送受信ループ
55      while(1){
56        memset(buf, 0, BUF_SIZE);
57        ret = recv(cfd, buf, BUF_SIZE, 0);
58        if(ret == 0 || ret == -1){
59          break;
60        }
61        fprintf(stderr, "received: %s¥n", buf);
62        n=strlen(buf);
63        send(cfd, &n, ret, 0);
64        ret = strcmp(buf, "exit");
65        if(ret == 0 )break;
66      }
67
68      // ソケットのクローズ
69      if( sfd != -1){
70        close(sfd);
```

```
71      }
72      if( cfd != -1){
73        close(cfd);
74      }
75      return 0;
76    }
```

```
$ ./server_socket 5000
Address=127.0.0.1 Port=5000
Waiting for connection…
Connected from 127.0.0.1
received: Apple
received: Ball
received: exit
$
```

```
/////// client_socket.c ///////
1   #include <stdio.h>
2   #include <string.h>
3   #include <sys/types.h>
4   #include <sys/socket.h>
5   #include <netinet/in.h>
6   #include <arpa/inet.h>
7   #include <netdb.h>
8   #include <stdlib.h>
9   #include <unistd.h>
10
11  #define BUF_SIZE 256
12
13  int main(int argc, char *argv[]){
14    char *server_ip;
15    unsigned short port;
16    int myfd=-1, ret, ret_rcv, n;
17    struct sockaddr_in my_addr;
18    char word[BUF_SIZE];
19
20    if(argc != 3){
21      fprintf(stderr, "Usage:$ ./client_socket [ip_address] [port]¥n");
22      exit(1);
23    }
24    server_ip = argv[1];
25    port = (unsigned short)atoi(argv[2]);
26    myfd = socket(AF_INET, SOCK_STREAM, IPPROTO_TCP);
27    memset(&my_addr, 0, sizeof(my_addr));
28    my_addr.sin_port = htons(port);
29    my_addr.sin_family = AF_INET;
30    my_addr.sin_addr.s_addr = inet_addr(server_ip);
31
32    fprintf(stderr, "Connecting to %s:¥n", server_ip);
33    // サーバのソケットに接続する
34    connect(myfd, (struct sockaddr *)&my_addr, sizeof(my_addr));
35
```

```
36    // サーバとの送受信ループ
37    while(1){
38      memset(word, 0, BUF_SIZE);
39      fprintf(stderr, "> ");
40      fgets(word, sizeof(word), stdin);
41      word[strlen(word)-1] = '¥0';
42      send(myfd, word, strlen(word), 0);
43      ret = strcmp(word, "exit");
44      if(ret == 0) break;
45
46      ret = recv(myfd, &n, BUF_SIZE, 0);
47      if(ret == 0 || ret == -1){
48        break;
49      }
50      fprintf(stderr, "from server: %d¥n", n);
51    }
52    // ソケットのクローズ
53    if(myfd != -1){
54      close(myfd);
55    }
56    return 0;
57  }
```

```
$ ./client_socket 0.0.0.0 5000
Connecting to 0.0.0.0
> Apple
5
> Ball
4
> exit
$
```

　実行できたでしょうか？ server_socket.c から解説します．手順は【サーバ側の手順】（p.173）のとおりになっています．最初に，コマンドライン引数から使用するポート番号を変数 port に格納しておきます．次に，28 行目 socket システムコール（Function 10.1）を使ってソケットを作成します．第一引数には通信ドメインを指定し，IP アドレスの形式が 0.0.0.0 のように数値とドットで表現されるのであれば，AF_INET を指定します．第二引数は SOCK_STREAM を指定します．本章の冒頭で言及したとおり，TCP プロトコルはバイトストリーム型であるためです．第三引数には使用するプロトコルを指定します．TCP プロトコルを使用するので，IPPROTO_TCP となります．返り値は，作成したソケットのファイルディスクリプタの番号です．ファイルディスクリプタの番号は 0 ～ 2 までは使用されている（第 6 章）ので，ここでは 3 が返るはずです．

Function 10.1　socket システムコール ▶ ソケットを作成する

書 式		#include <sys/types.h> #include <sys/socket.h> #include <sys/netinet/in.h> int socket (int domain, int type, int protocol) ;
引 数	第一引数	通信ドメインの指定. ローカル通信は AF_UNIX, IPv4 なら AF_INET など.
	第二引数	通信方式の指定. 双方向の, 接続されたバイトストリーム方式は SOCK_STREAM.
	第三引数	使用するプロトコルの指定. TCP なら IPPROTO_TCP, UDP なら IPPROTO_UDP.
返り値	成功時	作成したソケットのファイルディスクリプタの番号
	失敗時	-1

　ソケットが作成できたら, ソケットに IP アドレスとポート番号を名付けます. 名付けるには bind システムコール (Function 10.2) を使います. bind システムコールの第一引数には名付けるソケットのファイルディスクリプタの番号を指定し, 第二引数には IP アドレスやポート番号を struct sockaddr 構造体に格納して渡します. ただし, TCP プロトコルでは, そのサブクラスの struct sockaddr_in 構造体 (P.179 参照) を使用します. そのため, 37 行目 memset システムコール以下 4 行では, struct sockaddr_in 構造体の変数 s_addr のメンバに値を格納します. memset システムコール (Function 10.3) は, s_addr を 0 で初期化します.

Function 10.2　bind システムコール ▶ ソケットに IP アドレスやポート番号を設定する (名前をつける)
　　　　　　　　　　　　　　　　　　　(IP アドレスやポート番号は struct sockaddr 構造体に記述する)

書 式		#include <sys/types.h> #include <sys/socket.h> int bind (int sockfd, const struct sockaddr *addr, socklen_t addrlen) ;
引 数	第一引数	ソケットのファイルディスクリプタの番号
	第二引数	IP アドレスやポート番号を記述する構造体のアドレス
	第三引数	アドレスのサイズ
返り値	成功時	0
	失敗時	-1

Function 10.3 `memset` **システムコール** ▶ 指定したメモリ内へ先頭から指定した
バイト数すべてに c を代入

書 式	`#include <string.h>` `void *memset (void *s, int c, size_t n) ;`		
引 数	第一引数	代入したいメモリのアドレスを指定	
	第二引数	代入する値を指定	
	第三引数	メモリの先頭から何バイトまで代入するかを指定	
返り値	s のアドレス		

【struct sockaddr_in 構造体と in_addr 構造体の定義】

```
struct sockaddr_in {
  u_char  sin_len;   //s_addr のサイズ
  u_char  sin_family; // アドレスファミリ. 今回は AF_INET で固定
  u_short sin_port;  // (ポート番号) (ネットワークバイトオーダーで指定)
  struct  in_addr sin_addr;  /// メンバ s_ddr に IP アドレスを // ネットワークバ
                             イトオーダーで指定)
  char    sin_zero[8];
};
struct in_addr {
  u_int32_t s_addr;
};
```

次の 38 行目 s_addr.sin_port=htons (port) ; は，メンバ sin_port にポート番号を格納しています．このとき，ポート番号はネットワークバイトオーダーで指定します．バイトオーダーというのは複数のバイトを並べる順番のことで，上位から順番に並べる方式と下位から順番に並べる方式があります．CPU は下位から並べる方式（ホストバイトオーダー）であり，インターネットでは上位から並べる方式（ネットワークバイトオーダー）となっています．そのため，ネットワークバイトオーダーに変換する必要があります．ホストバイトオーダーからネットワークバイトオーダーに変換するには，htons 関数 (Function 10.4) を用います．

Function 10.4 `htonl` **関数** /`htons` **関数** ▶ ホストバイトオーダーからネットワークバイトオーダーへ変換する

書 式	`#include <arpa/inet.h>`
	`uint32_t htonl(uint32_t hostlong);`
	`uint16_t htons(uint16_t hostshort);`

引 数	ホストバイトオーダー
返り値	ネットワークバイトオーダー

39 行目 s_addr.sin_family = AF_INET; では，socket システムコールの第一引数と同様に通信ドメインを指定します．s_addr.sin_addr.s_addr=htonl (INADDR_ANY); では，struct in_addr 構造体のメンバ s_addr に IP アドレスをネットワークバイトオーダーに変換して指定します．INADDR_ANY は，すべての IP アドレスからの接続を受け付ける意味です．もし，特定の IP アドレスからの接続に限定したいなら，その IP アドレスを記述します．確認のため IP アドレスをディスプレイに表示するには，inet_ntoa 関数（Function 10.5）を用いて文字列に変換します．以上で bind システムコールを実行できます．

Function 10.5　inet_ntoa 関数 ▶ ネットワークバイトオーダーの IP アドレスを
10 進数表記の文字列に変換する

書　式	#include <sys/socket.h> #include <netinet/in.h> #include <arpa/inet.h> char *inet_ntoa(struct in_addr in);
引　数	ネットワークバイトオーダーの IP アドレス
返り値	10 進数表記の文字列のアドレス

作成したソケットへ IP アドレスやポート番号を名付け終わると，クライアント側からの接続を受け付ける準備ができたことになります．これを 47 行目 listen システムコール（Function 10.6）で知らせます．listen システムコールの第一引数には，ソケットのファイルディスクリプタの番号を指定し，第二引数には受付を待たせることができる最大のクライアント数を指定します．通常は 5 とします．

Function 10.6　listen システムコール ▶ ソケットへの接続要求の受付を開始する

書　式		#include <sys/types.h> #include <sys/socket.h> int listen(int sockfd, int backlog);
引　数	第一引数	ソケットのファイルディスクリプタの番号
	第二引数	受付待ちの最大値（通常は 5）
返り値	成功時	0
	失敗時	−1

51 行目 accept システムコール（Function 10.7）で，クライアントからの接続要求を待ち合わせます．接続要求があるまでプログラムの実行はここで止まります．第

一引数にはソケットのファイルディスクリプタの番号を指定し，第二引数にはクライアントの IP アドレスやポート番号が格納される struct sockaddr_in 構造体の変数のアドレスを，struct sockaddr 構造体にキャストして指定します．返り値は，クライアントのソケットにつけられたファイルディスクリプタの番号です．このファイルディスクリプタの番号でどのクライアントかを識別できます．

Function 10.7　accept **システムコール ▶** ソケットへの接続要求を受け入れる

書　式		#include <sys/types.h> #include <sys/socket.h> int accept(int sockfd, struct sockaddr *addr, socklen_ t *addrlen);
引　数	第一引数	ソケットのファイルディスクリプタの番号
	第二引数	接続相手のソケットのアドレス（ポインタ）
	第三引数	アドレスのサイズ
返り値	成功時	接続相手のソケットのファイルディスクリプタの番号
	失敗時	-1

　while ループはデータの送受信を繰り返します．クライアントから送られたデータは，char 型配列 buf に格納します．最初に，56 行目 memset システムコールで buf を初期化しておきます．次に，recv システムコール（Function 10.8）でクライアントからのデータを buf に格納します．第一引数には，accept システムコールの返り値であるクライアントのソケットにつけたファイルディスクリプタの番号を指定します．第二引数には，データを格納する配列 buf のアドレスを指定します．クライアントからデータを受信するまでここで待ち合わせます．受信後は，send システムコール（Function 10.9）でデータをクライアントへ送信します．送信後はループの最初に戻り，再び buf を初期化して recv システムコールで次のデータの受信を待ちます．文字列 "exit" を受信した場合はループから抜け，使用したファイルディスクリプタをクローズして終了します．

Function 10.8　recv **システムコール** ▶ ソケットからメッセージを受け取る

書　式	#include <sys/types.h> #include <sys/socket.h> ssize_t recv(int sockfd, void *buf, size_t len, int flags);	
引　数	第一引数	ソケットのファイルディスクリプタの番号
	第二引数	メッセージが入るメモリのアドレス
	第三引数	一度に受信可能なメッセージのサイズ
	第四引数	デフォルトの動作なら 0 を指定. ほかに MSG_ERRQUEUE など.
返り値	成功時	受信したメッセージの長さ
	失敗時	-1
	相手が正しく終了しした	0

Function 10.9　send **システムコール** ▶ ソケットへメッセージを送る

書　式	#include <sys/types.h> #include <sys/socket.h> ssize_t send(int sockfd, const void *buf, size_t len, int flags);	
引　数	第一引数	ソケットのファイルディスクリプタの番号
	第二引数	メッセージが入っているメモリのアドレス
	第三引数	一度に送信可能なメッセージのサイズ
	第四引数	デフォルトの動作なら 0 を指定. ほかに MSG_MORE など.
返り値	成功時	送信したメッセージの長さ
	失敗時	-1

　次に, client_socket.c を解説します. 手順は【クライアント側の手順】(p.174) のとおりになっています. サーバ側の手順に比べてクライアント側の手順は簡単です. 最初に, コマンドライン引数からサーバの IP アドレスとポート番号を入力します. サーバの IP アドレスの先頭アドレスを char 型ポインタ変数 server_ip に格納します. ポート番号は, 変数 port に格納します. 次に, socket システムコールを使ってソケットを作成します. イメージとしては, サーバのソケットがコンセントの受け口, クライアントのソケットがコンセントプラグとなります. 次に, 作成したソケットをサーバのソケットに接続します. 接続には connect システムコール (Function 10.10) を用います. connect システムコールは, サーバ側で使用した bind システムコールとほぼ同じです. 第一引数で指定したソケットを, 第二引数で指定した IP アドレスとポート番号でサーバに接続します. サーバ側は,

accept システムコールで接続を待機している状態から接続を受け入れることにより，次の処理へ進みます．

Function 10.10 connect **システムコール** ▶ 指定したソケットを指定したアドレスへ接続する

書　式		#include <sys/types.h> #include <sys/socket.h> int connect(int sockfd, const struct sockaddr *addr, socklen_t addrlen);
引　数	第一引数	ソケットのファイルディスクリプタの番号
	第二引数	接続先の IP アドレスやポート番号の入った構造体のアドレス
	第三引数	アドレスのサイズ
返り値	成功時	0
	失敗時	−1

接続に成功すると while ループに入り，キーボードからの入力，サーバへの送信，サーバからの受信を繰り返します．キーボードから文字列 "exit" が入力されるとサーバへ送信し，ループから抜けてファイルディスクリプタをクローズして終了します．

10.2 複数のクライアントの接続

10.1 節では，サーバに接続したクライアントは一つだけでした．しかし，インターネットでは，一つのサーバに対し複数のクライアントが接続します．本節では，複数のクライアントが接続できるようにサーバプログラムを改良します．以下に，複数のクライアントが接続できるサーバの手順を示します．手順の 4 から 9 は繰り返されます．クライアントが一つだけの場合と異なり，クライアントのファイルディスクリプタを配列に格納するようにします．

【サーバ側の手順（複数接続）】
1. ソケットを作成する（リスニング用）（socket システムコール）
2. 作成したソケットに IP アドレスとポート番号を与える（bind システムコール）
3. クライアント側からの接続要求を受け付ける準備が整ったことを示す（listen システムコール）
4. ファイルディスクリプタの監視リストを初期化
5. 作成したソケットのファイルディスクリプタをファイルディスクリプタの監視リスト

に設定する

6. 接続済みのクライアントのファイルディスクリプタもファイルディスクリプタの監視
   リストに設定する

7. ファイルディスクリプタの監視リストをチェックし，新規接続要求やデータの受信を
   監視する（select システムコール）

8. 新規接続要求があればクライアント側からの接続要求を受け入れる（接続用ソケット）
   （accept システムコール）

9. データの受信があればどのクライアントのファイルディスクリプタからかをチェック
   し，データの送受信を行う（send,recv システムコール）

10. 作成したソケットを閉じる

　それでは，サンプルプログラム（server_m_sockets.c，client_socket.c）
を使って解説します．ただし，コードが非常に長いためみづらくなっています．そこ
で，以下にプログラムの基本形を載せます．この基本形のとおりになっていますので，
わからなくなったら基本形のどの部分かを頭に入れて理解の助けにしてください．ク
ライアント側のプログラムは 10.1 節と同じです．

【サーバ側のプログラムの基本形】

```
fd = socket(...);
bind(fd, ...);
listen(fd, 5);
while(1){ //select ループ．エラー時は break で抜ける
    FD_ZERO(&fds);
    FD_SET(fd, &fds);
    if(fd>=0){ FD_SET(fd, &fds);}
    ret=select(..., &fds, NULL, NULL, NULL);
    if(FD_ISSET(fd, &fds)){
        cfd=accept(fd, ...);
    }
    if(fd >= 0 && FD_ISSET(fd, &fds)){
        // 送受信処理
    }
}//select ループの最後
```

　複数のクライアントを接続するため，端末は三つ開いておき，それぞれ ./server_
m_sockets，./client_socket，./client_socket を実行してみてください．
　サーバとクライアント二つをそれぞれ実行したら，./client_socket 側に文字
列（"Apple" など）を入力します．"exit" と入力するとクライアントのプロセス
が終了します．サーバのプロセスは Ctrl+C シグナルを受信すると終了します．

▶ Exercise 10.2　server_m_sockets.c, client_socket.c と実行結果

```
/////// server_m_sockets.c ///////
1  #include <stdio.h>
2  #include <string.h>
3  #include <sys/types.h>
4  #include <sys/socket.h>
5  #include <netinet/in.h>
6  #include <arpa/inet.h>
7  #include <netdb.h>
8  #include <stdlib.h>
9  #include <unistd.h>
10 #include <signal.h>
11
12 #define BUF_SIZE 256
13 #define C_MAX 5
14
15 void stop(int x);
16 int sfd = -1;
17 int socketfds[C_MAX];
18
19 int main(int argc, char *argv[]){
20   unsigned short port;
21   int ret, ret_rcv, on=1, fd_max, i, n;
22   fd_set rfds;
23   struct sockaddr_in s_addr, c_addr;
24   struct timeval tm;
25   int addr_len=sizeof(struct sockaddr_in);
26   char buf[BUF_SIZE];
27
28   if(argc != 2){
29     fprintf(stderr, "Usage: $ server <port>¥n");
30     exit(1);
31   }
32   port = (unsigned short)atoi(argv[1]);
33   memset(&s_addr, 0, sizeof(s_addr));
34   for(i=0;i<C_MAX;i++){// ソケットのファイルディスクリプタ (FD) の配列の初期化
35     socketfds[i] = -1;
36   }
37
38   // シグナルハンドラの設定
39   signal(SIGINT, stop);
40
41   // ソケットの生成
42   sfd=socket(PF_INET, SOCK_STREAM, 0);
43
44   //TIME_WAIT 中にサーバを再スタートしたとき，ポートを再利用できるようにする
45   ret = setsockopt(sfd, SOL_SOCKET, SO_REUSEADDR, (char *)&on,
                                                     sizeof(on));
46   if(ret < 0){
47     perror("setsockopt");
48     exit(1);
49   }
```

```
50
51    //sockaddr_in 構造体に IP,port をセット
52    s_addr.sin_port = htons(port);
53    s_addr.sin_family = PF_INET;
54    s_addr.sin_addr.s_addr = htonl(INADDR_ANY);
55    fprintf(stderr, "Address=%s, Port=%u\n", inet_ntoa(s_addr.sin_
      addr), port);
56
57    // ソケットの bind
58    ret = bind(sfd, (struct sockaddr *)&s_addr, sizeof(s_addr));
59    if(ret < 0){
60      perror("bind");
61      exit(1);
62    }
63    // ソケットへの新規接続要求を受け付け開始
64    ret = listen(sfd, 5);
65    if(ret < 0){
66      perror("listen");
67      exit(1);
68    }
69    fprintf(stderr, "Waiting for connection...\n");
70
71    //select ループ（新規接続の有無や接続済みクライアントからの受信のチェック）
72    while(1){
73
74      FD_ZERO(&rfds);   // チェック用 FD_ISSET で使う FD 集合 rfds を初期化
75      FD_SET(sfd, &rfds);   // 接続待ちの FD を FD 集合に設定
76      fd_max = sfd;
77      for(i=0;i<C_MAX;i++){
78        if(socketfds[i] != -1){
79          // 受信待ちの FD を FD 集合に設定
80          FD_SET(socketfds[i], &rfds);
81          if(socketfds[i]>fd_max) fd_max = socketfds[i];
82        }
83      }
84      //select で待機する時間の設定
85      tm.tv_sec = 5;
86      tm.tv_usec = 0;
87      // 接続や受信の監視
88      ret = select(fd_max+1, &rfds, NULL, NULL, &tm);
89      if(ret < 0){
90        perror("select");
91        break;
92      }
93
94      // 接続待ちファイルディスクリプタ (FD) に接続があったかどうか
95      ret = FD_ISSET(sfd, &rfds);
96      if(ret != 0){
97        fprintf(stderr, "Accept new connection\n");
98        for(i=0;i<C_MAX;i++){
99          if(socketfds[i] == -1){   // 空いている配列に FD 番号を入れる
100             // 接続要求を受け付ける
```

```
101              socketfds[i] = accept(sfd, (struct sockaddr *)&c_addr,
                                         (socklen_t *)&addr_len);
102              fprintf(stderr, "client accepted(%d) from %s¥n", i,
                                         inet_ntoa(c_addr.sin_addr));
103              fprintf(stderr, "client fd number=%d¥n", socketfds[i]);
104              break;
105            }
106          }
107        }
108        // 接続中のすべてのクライアントとの送受信
109        for(i=0;i<C_MAX;i++){
110          if(socketfds[i] != -1){   //accept した FD のみチェック
111            ret = FD_ISSET(socketfds[i], &rfds);   //FD にデータがあるかどうか
112            if(ret != 0){
113              memset(buf, 0, BUF_SIZE);
114              ret_rcv = recv(socketfds[i], buf, BUF_SIZE, 0);
115              if(ret_rcv > 0){   // 受信成功
116                fprintf(stderr, "received: %s¥n", buf);
117                n = strlen(buf);
118                send(socketfds[i], &n, ret_rcv, 0);
119                if(strcmp(buf, "exit") == 0){
120                  close(socketfds[i]);
121                  socketfds[i] = -1;
122                }
123              }
124              else{
125                fprintf(stderr, "socket=%d disconnected: ¥n",
                                         socketfds[i]);
126                close(socketfds[i]);
127                socketfds[i] = -1;
128              }
129            }
130          }
131        }
132      }      //select ループの最後
133
134      // ソケットのクローズ
135      close(sfd);
136    }
137
138    void stop(int x){
139      int i;
140      if( sfd != -1){
141        close(sfd);
142      }
143      for(i=0;i<C_MAX;i++){
144        if(socketfds[i] != -1){
145          close(socketfds[i]);
146        }
147      }
148      exit(1);
149    }
```

```
$ ./server_m_sockets 5000
Address=127.0.0.1 Port=5000
Waiting for connection…
Connected from 127.0.0.1
received: Apple
received: Ball
Ctrl+C
$
```

クライアント側

【実行結果①】

```
$ ./client_socket 0.0.0.0 5000
Connecting to 0.0.0.0
> Apple
5
```

【実行結果②】

```
$ ./client_socket 0.0.0.0 5000
Connecting to 0.0.0.0
> Ball
4
```

server_m_sockets.c を解説します. 72行目の while ループまでは前節の server_socket.c とほぼ同じです. 異なるのは2点だけです. 1点目は, クライアントのファイルディスクリプタを配列 socketfds に格納するため, -1で初期化を行っていることです (35行目). 2点目は, Ctrl+Cを押すと終了するようにしているため, SIGINT シグナルを受信した場合, シグナルハンドラ (stop 関数) を設定していることです (39行目).

72行目 while ループ内を解説します. 新規接続要求やデータの受信を監視するため, ソケットのファイルディスクリプタとクライアントのファイルディスクリプタをファイルディスクリプタの監視リスト (fd_set 構造体) に格納します. 格納には, マクロ FD_SET を使います. fd_set 構造体を操作するマクロを以下に示します. このファイルディスクリプタの監視リストは繰り返しごとに更新します. ループごとに FD_ZERO で初期化し, FD_SET でファイルディスクリプタの監視リストに加えます. ファイルディスクリプタの監視リストをチェックするには, select システムコール (Function 10.11) を用います. 第二引数に, 読み込みが可能なファイルディスクリプタとして fd_set 構造体の変数 rfds のアドレスを指定します.

【fd_set 構造体を操作するマクロ】

```
void FD_ZERO (fd_set *fds) ;          ··· fds 内のビットをすべて0にする
void FD_SET (int fd, fd_set *fds) ;   ··· fds 内の fd のビットを1にする
void FD_CLR (int fd, fd_set *fds) ;   ··· fds 内の fd のビットを0にする
void FD_ISSET (int fd, fd_set *fds) ;··· fds 内の fd のビットが1か0かの判定
```

Function 10.11 　select システムコール ▶ 複数のファイルディスクリプタを監視する

書 式		#include <sys/select.h> int select (int nfds, fd_set *readfds, fd_set *writefds, 　　　　　　fd_set *exceptfds, struct timeval *timeout);
引 数	第一引数	監視するソケットのファイルディスクリプタの最大値
	第二引数	読み込みが可能なファイルディスクリプタが入る変数のアドレス
	第三引数	書き込みが可能なファイルディスクリプタが入る変数のアドレス
	第四引数	例外が発生したファイルディスクリプタが入る変数のアドレス
	第五引数	監視のため，待機する時間が入る変数のアドレスで時間が来ると select 終了 NULL ならタイムアウトせず待機し続ける
返り値	成功時	接続要求のあるファイルディスクリプタの合計数
	失敗時	-1

　新規接続要求の有無をチェックします．95 行目 ret = FD_ISSET(sfd,&rfds); によりソケット（リスニング用）のファイルディスクリプタのビットが 1 になっているか判定し，1 になっていれば accept システムコールで接続します．このとき，配列 socketfds の要素が -1 を探し，接続用ソケットとしてクライアントのファイルディスクリプタを格納します．

　新規接続要求の有無を確認できたら，受信データがあるかどうかをチェックします．クライアントのファイルディスクリプタが格納されている配列 socketfds の要素のうち，-1 でないファイルディスクリプタを対象に FD_ISSET で判定します．受信データがあれば recv システムコールを実行します．

＜本章のまとめ＞

　本章では，プロセス間通信の一つであるソケットについて解説しました．ソケットを使えば，異なる PC におけるプロセス間通信が可能となります．10.1 節では，クライアントが一つの場合の処理を説明しました．10.2 節ではクライアントが複数の場合の処理を説明しました．プログラムはわかりやすさを重視しましたが，とくにクライアントが複数の場合のサーバ側のプログラムは長くなってしまいました．しかし，これでもまだ不足があります．たとえば，接続数の最大値を超えた場合の通知方法や，サーバが終了した場合のクライアントへの通知方法などが必要です．次章では，並列に処理を実行できるスレッドについて解説します．

■ 章末問題 ■

10.1 server_m_sockets.c と client_socket.c（Exercise 10.2）は文字列を送信す
るとその長さを整数で受信するプログラムである．文字列を送信して，同じ文字列を
サーバから受け取るように改良した q10-1_server.c と q10-1_client.c を作成
せよ．

10.2 複数のクライアントを接続して，クライアント同士でチャットするプログラムを作成
せよ．ファイル名は，サーバは q10-2_server_m.c，クライアントは q10-2_
client_m.c とせよ．

　▶ サーバ側のヒント

　　・送信元のクライアントを除くすべてのクライアントに send システムコールで
　　　メッセージを送る

　▶ クライアント側のヒント

　　・サーバ側からの受信待ち処理と送信処理に分ける

　　・シグナルを用いて Ctrl+Z が押されたときだけプロンプトを表示し，入力，送信を
　　　行う

10.3 server_m_sockets.c では，クライアント用ファイルディスクリプタは 5 個用意さ
れている．5 個目のクライアントが接続されたら，「サーバはいっぱいです」とのメッ
セージをクライアントに送り，接続をクローズするよう改良した q10-3_server_
m.c を作成せよ．

▶ 第11章

スレッド

11.1 スレッドとは

11.1.1 スレッド

　第3章では，fork システムコールを使ったプロセスの生成について解説しました．プロセスとは，実行状態にあるプログラムのことでした．1個の CPU（コア数1）が1個のプロセスを動かすことができます．複数のプロセスを動かす場合は，複数のプロセスを1個ずつ切り替えて実行していました．しかし，fork システムコールは処理が重いという欠点があります．なぜなら，親プロセスをほぼすべてコピーしてしまうためです．本章では，スレッドを解説します．スレッドとは，実行可能な処理の最小単位です．実は，一つのプロセスには最低一つのスレッドが存在しています．一つのプロセスで複数のスレッドを生成すれば，fork システムコールと同様に並列に実行することが可能です（ただし，コア数が複数のときにかぎります）．本節では，簡単なスレッドの例を解説します．また，11.2節では，mutex を用いたスレッドの排他制御を解説します．

　1個のプロセス内にスレッドが1個の場合をシングルスレッド，1個のプロセス内にスレッドが複数の場合をマルチスレッドとよびます．マルチスレッドでは，プロセスに割り当てられたメモリ領域を共有できます（図11.1）．たとえば，グローバル変数を共有できますし，別スレッドで実行する関数にもポインタを渡すことができます．

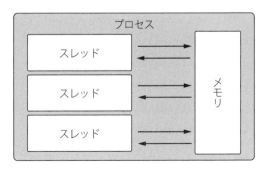

図 11.1　スレッドはメモリを共有する

マルチスレッドにする目的はおもに二つあり，ユーザへの応答時間の短縮と単位時間あたりの処理能力の向上です．前者の例を挙げると，たとえば，動画をダウンロードするには時間がかかります．しかし，ダウンロードが完了するまでほかのサイトを閲覧できないのでは困ります．このようなとき，ダウンロードする処理は別のスレッドに担当させることで，ユーザは現在のスレッドでほかのサイトを閲覧できるようになります．後者の例は，N 回の繰り返しが必要な場合，二つのスレッド（1 回〜N/2回までの繰り返しと N/2+1 回〜 N 回の繰り返し）に分けて並列に処理させれば，一つのスレッドで 1 回〜 N 回まで繰り返すより処理時間が短くなり，単位時間あたりの処理能力の向上が期待できます．ただし，こちらを目的にマルチスレッドを用いる場合，プログラムの難易度はかなり高くなってしまいます．

11.1.2　スレッドを作成するプログラム

それでは，スレッドを作成するプログラムについて解説します．サンプルプログラム（thread_sleep.c）を使います．サンプルプログラムでは，sleep 関数を動画のダウンロードのような重い処理に見立て，スリープ中に処理中を表すアニメーションを表示します．コンパイルには，オプション -lpthread をつけてください．実行してみましょう．

▶ Exercise 11.1　thread_sleep.c と実行結果

```
/////// thread_sleep.c ///////
1  #include <stdio.h>
2  #include <unistd.h>
3  #include <pthread.h>
4
5  void *processing(void *x);
6  int main(){
7    pthread_t th;
8    int i, flag = 0;
9
10   pthread_create(&th, NULL, processing, &flag);
11   fprintf(stderr, "processing");
12   i = 1;
13   while(1){
14     if(flag == 1)break;
15     if(i%4 == 0) fprintf(stderr, "\rprocessing    \rprocessing");
16     else fprintf(stderr, ".");
17     sleep(1);
18     i++;
19   }
20   pthread_join(th, NULL);
```

```
21     return 0;
22   }
23
24   void *processing(void *x){
25
26     sleep(20);   // 重い処理に見立てる
27
28     *(int *)x = 1;
29     fprintf(stderr, "\ndone.\n");
30     return NULL;
31   }
```

```
$ ./thread_sleep
processing...  ← 「.」が増減する
done.
$
```

　実行できたでしょうか？　具体的な流れとして，まず重い処理（本書では完了まで
に時間のかかる処理のこととします）に見立てた sleep 関数は，作成したスレッド
で実行します．その間，「.」を増減させるアニメーションを表示します．作成した
スレッドが終了後，プログラムを終了します．

　スレッドの作成には，10 行目 pthread_create 関数（Function 11.1）を使いま
す．第一引数には，作成したスレッドの識別子が入る変数のアドレスを指定します．
第二引数には，スレッドの属性を指定します．ここではデフォルトの属性を示す
NULL を指定します．第三引数と第四引数には，スレッドに実行させる関数のアドレ
スとその引数のアドレスを指定します．これで，第三引数で指定した processing
関数を別のスレッドで実行させることができます．processing 関数には変数 flag
のアドレスを渡し，processing 関数が終了するときに 1 を代入します．第四引数
が void * 型となっているのは，「型が未定のアドレス」の意味です．つまり，char
型や int 型など何型かが未定となります．実際にアドレスを参照するときにキャス
ト（型変換）して決めます．

> **Function 11.1**　pthread_create 関数 ▶ スレッドを作成する

書　式	`#include <pthread.h>`
	`int pthread_create(pthread_t *thread, pthread_attr_t`
	`*attr, void * (*start_routine)(void *), void * arg);`	

引　数	第一引数	作成したスレッドの識別子が入る変数のアドレスを指定
	第二引数	作成するスレッドの属性を指定（デフォルトなら NULL）
	第三引数	第四引数 arg を引数とする関数のアドレスを指定 作成するスレッドはこの関数となる
	第四引数	第三引数で指定した関数の引数
返り値	成功時	0
	失敗時	EAGAIN

　13 行目 while ループは，flag の値が 1 になればループを抜けます．1 秒ごとに「.」を画面に出力し，適当なタイミングで出力先を左端に戻します．左端に戻すには "¥r" を使います．左端から再度 processing と出力し，続けて「.」を出力します．

　20 行目 pthread_join 関数（Function 11.2）は，スレッドの終了を待ち合わせます．ここで分岐していたスレッドが合流します．子プロセスの終了を待つ wait システムコールのような動作です．第一引数には，終了するのを待つスレッドの識別子を指定します．指定したスレッドが終了するまでは待機します．

> **Function 11.2**　pthread_join 関数 ▶ 別のスレッドが終了するのを待つ

書　式	`#include <pthread.h>` `int pthread_join(pthread_t th, void **thread_return);`	
引　数	第一引数	終了するのを待ち合わせるスレッドのスレッド識別子
	第二引数	pthread_exit システムコールでスレッドを終了させた場合，その引数
返り値	成功時	0
	失敗時	ESRCH（指定したスレッド識別子をもつスレッドがなかった）など

　processing 関数の引数は void ＊型のため，参照するときにキャストしています．キャストしている行（28 行目）を抜き出すと，次のとおりです．

```
* (int *) x=1;
```

　xには変数flagのアドレスが格納されています．そのため，int型のポインタに型変換するため（int ＊）をつけています．int型変数aをdouble型に型変換するには（double）aとしましたね．それと同じです．その後，間接参照演算子によって間接参照し，main関数の変数flagに1を格納しています．

　スレッドの使い方が理解できたでしょうか？　forkシステムコールで子プロセスを生成する処理より，スレッドを作成する処理のほうが理解しやすいのではないかと思います．

11.1.3　複数のスレッドを作成するプログラム

　次に，複数のスレッドを作成するサンプルプログラム（thread_input.c）を解説します．実行してみてください．実行後は適当なタイミングで，Enterキーを何回か入力してください．

▶ Exercise 11.2　thread_input.c と実行結果

```
/////// thread_input.c ///////
 1  #include <stdio.h>
 2  #include <stdlib.h>
 3  #include <unistd.h>
 4  #include <pthread.h>
 5  #define DATA_N 100000
 6  #define LOOP_N DATA_N/10
 7
 8  long count;
 9  void *input(void *x);
10  void *query(void *x);
11  int main(int argc, char *argv[]){
12    int i,j;
13    double data[DATA_N];
14    pthread_t th1,th2;
15
16    count = 0;
17    pthread_create(&th1, NULL, input, data);     一つ目のスレッド
18    pthread_create(&th2, NULL, query, NULL);      二つ目のスレッド
19
20    pthread_join(th1, NULL);
21    return 0;
22  }
23  void *input(void *x){
24    int i,j;
25    fprintf(stderr, "Calculating...");
26    for(i=0;i<LOOP_N;i++){
27      for(j=0;j<DATA_N;j++){
28        ((int *)x)[j] = 0.0;
29        count++;
```

```
30        }
31      }
32      fprintf(stderr, "\ndone.\n");
33      return NULL;
34  }
35
36  void *query(void *x){
37      while(1){
38        getchar();
39        fprintf(stderr, "count=%ld", count);
40      }
41      return NULL;
42  }
```

```
$ ./thread_input
Calculating...
count=164155888   ← 適当に Enter キーを入力
count=296809881
count=405792819
count=504712524
count=631734088
count=758911373
count=908723219
done.
$
```

　このサンプルプログラムでは，配列への値の代入中に Enter キーを押すと，現在
何個代入したかを表示します．Enter キーは，ユーザが好きなタイミングで何度でも
押すことができます．シグナルを使えば同様の動作をさせることは可能ですが，ここ
では，スレッドの利点を実感するためにスレッドを用います．重い処理や入力待ち処
理は別のスレッドにします．まず，重い処理として，10 万個の double 型配列のす
べての要素に値 0.0 を代入することを 1 万回繰り返します．代入した個数をグローバ
ル変数 count で数えます．グローバル変数を使う代わりにローカル変数として宣言
し，配列 data との構造体にして，関数 input に構造体のアドレスを渡すことも可
能です．最初のスレッドで，関数 input を用いたこの処理を行います．入力待ち処
理は query 関数で行います．getchar 関数で入力を待ち，入力があれば count の
値を表示します．この処理は二つ目のスレッドにさせます．複数のスレッドを作成す
るときも，pthread_create 関数を作成したいスレッドの数だけ実行すればよいの
です．

11.2 スレッドの排他制御

11.2.1 五つのスレッドを作成するプログラム

さて，ここまでマルチスレッドにする二つの目的のうち，ユーザへの応答時間の短縮を目的とするサンプルプログラムを作成しました．次に，もう一つの目的である単位時間あたりの処理能力の向上について，その難しさを体験してもらいます．サンプルプログラム（thread_counter.c）を実行してみてください．

▶ Exercise 11.3　thread_counter.c と実行結果

```
/////// thread_counter.c ///////
 1  #include <stdio.h>
 2  #include <pthread.h>
 3
 4  #define COUNT 1000000
 5  #define TH_N 5
 6
 7  void *counter(void *x);
 8
 9  int main(){
10    int i=0, c=0;
11    pthread_t th[TH_N];
12
13    for(i=0;i<TH_N;i++) pthread_create(&th[i], NULL, counter, &c);
14    for(i=0;i<TH_N;i++) pthread_join(th[i], NULL);
15    fprintf(stderr, "%d\n", c);
16    return 0;
17  }
18  void *counter(void *x){
19    int i;
20    for(i=0;i<COUNT;i++) {
21      (*(int *)x)++;
22    }
23    return NULL;
24  }
```

```
$ ./thread_counter
3408161
$ ./thread_counter
2273653
$
```

このプログラムは，五つのスレッドを作成し，各スレッドがmain関数で宣言されたint型変数cをインクリメントします．一つのスレッドでインクリメントする回

数は 100 万回です．スレッドは五つ作成されるため，c の値は 500 万になることを期待します．しかし，実行してみてわかるように 500 万にはなりません（もし，500 万になる場合は CPU のコア数が一つである可能性があります）．しかも，実行するたびに表示される値は異なります．これはなぜでしょうか？　これがスレッドを使った高速化の難しさの一つです．複数のスレッドから更新される変数には，排他制御が必要です．排他制御は第 9 章の共有メモリで解説しました．同じ変数に同時に複数からアクセスできないようにする処理です．ただし，CPU レベルでの処理が 1 ステップでよい処理の場合は，排他制御が必要ありません．割り込む余地がないためです．ここで，インクリメント処理 i++; を考えてみます．結論からいうと，C 言語のインクリメント処理は 1 ステップではありません．i=i+1; の処理と同じになり，読み込んで加算し，書き込むという 3 ステップ必要です．そのため，図 11.2 に示すように，スレッド A の結果が反映されないことが起きます．

　サンプルプログラムのように五つのスレッドが一つの変数へアクセスする場合では，このような事態はなおさら頻繁に発生します．その結果，c の値が 500 万にならない

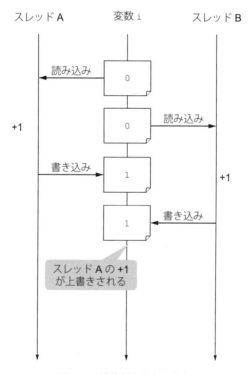

図 11.2　排他制御しない場合

のです．そこで，排他制御をします．共有メモリのときはセマフォを使った排他制御を解説しました．スレッドでは，mutex（ミューテックス）という機能を使うことで簡単に排他制御を実現できます．

11.2.2　mutex を使った排他制御

thread_counter.c に排他制御を追加した thread_counter_mutex.c を使って解説します．実行してみてください．

▶ Exercise 11.4　thread_counter_mutex.c と実行結果

```
/////// thread_counter_mutex.c ///////
1  #include <stdio.h>
2  #include <pthread.h>
3
4  #define COUNT 1000000
5  #define TH_N 5
6
7  pthread_mutex_t mut;        ← 変数 mut の宣言
8
9  void *counter(void *x);
10
11 int main(){
12   int i=0, c=0;
13   pthread_t th[TH_N];
14   pthread_mutex_init(&mut, NULL);   ← 変数 mut の初期化
15
16   for(i=0;i<TH_N;i++) pthread_create(&th[i], NULL, counter, &c);
17   for(i=0;i<TH_N;i++) pthread_join(th[i], NULL);
18   fprintf(stderr, "%d¥n", c);
19   return 0;
20 }
21 void *counter(void *x){
22   int i;
23   for(i=0;i<COUNT;i++) {
24     pthread_mutex_lock(&mut);       ← ロックする
25     (*(int *)x)++;
26     pthread_mutex_unlock(&mut);     ← アンロックする
27   }
28   return NULL;
29 }
```

```
$ ./thread_counter_mutex
5000000
$ ./thread_counter_mutex
5000000
$
```

　thread_counter.c との変更点は 4 か所だけです．まず，7 行目で pthread_mutex_t 型変数 mut を宣言します．この変数 mut をロックしたりアンロックしたりすることで排他制御を行います．すべてのスレッドからアクセスできるようにグローバル変数としました．もちろん，変数 c と mut をメンバにした構造体を定義して，関数 counter の引数としてもかまいません．次に，変数 mut を初期化します．初期化には pthread_mutex_init 関数（Function 11.3）を用います．第一引数にmutex のアドレスを指定します．初期化が終わったら，排他制御したい処理の直前でロックします．サンプルプログラムでは，インクリメント処理の直前でロックします．ロックには pthread_mutex_lock 関数（Function 11.4）を使います．引数にロックする mutex のアドレスを指定します．これにより，アンロックされるまではロックを実行したスレッドだけが実行できます．もし，ほかのスレッドによってロックされていれば，アンロックされるまで待機します．アンロックには pthread_mutex_unlock 関数（Function 11.5）を使います．引数にアンロックする mutexのアドレスを指定します．

Function 11.3　pthread_mutex_init 関数 ▶ mutex を初期化する

書　式	#include <pthread.h> int pthread_mutex_init(pthread_mutex_t *mutex, 　　　　　　　　　　　const pthread_mutexattr_t *attr);	
引　数	第一引数	mutex の id が入る変数のアドレスを指定
	第二引数	mutex の属性を指定（デフォルトなら NULL）
返り値	成功時	0
	失敗時	エラーコード

Function 11.4　pthread_mutex_lock 関数 ▶ mutex をロックする

書　式	#include <pthread.h> int pthread_mutex_lock(pthread_mutex_t *mutex));	
引　数	ロックする mutex の id のアドレスを指定	
返り値	成功時	0
	失敗時	エラーコード

Function 11.5　pthread_mutex_unlock 関数 ▶ mutex をアンロックする

書　式	`#include <pthread.h>` `int pthread_mutex_unlock(pthread_mutex_t *mutex);`	
引　数	アンロックする mutex の id のアドレスを指定	
返り値	成功時	0
	失敗時	エラーコード

　実行結果は 500 万になっていると思います．これで排他制御が実現できています．しかし，実行してみて感じたかもしれませんが，排他制御を行うと処理の時間がかかってしまいます．排他制御自身の処理が増加するのはもちろんですが，スレッドが五つあるため，アンロックされるまで待機することが頻繁に起きてしまうのです．試しに作成するスレッドを一つにしてみましょう．格段に速くなります．あるいは，ロックする範囲を，インクリメントを繰り返す for ループ全体にしてもよいでしょう．このように，単位時間あたりの処理能力を向上させようとして，単純にマルチスレッドにしてもうまくいきません．スレッドの作成処理や排他制御処理にかかる時間以上に並列処理による処理時間の短縮が得られるかどうか，考える必要があります．

＜本章のまとめ＞

　本章では，スレッドについて解説しました．プロセスとスレッドの違い，マルチスレッドの目的，スレッドの排他制御を解説しました．スレッドは簡単な手順で作成でき，排他制御もしやすいです．ユーザへの応答時間短縮などには積極的に使いたい技術といえます．ただ，スレッドによる並列処理によって処理時間を短くすることを考える場合は注意が必要です．プログラム上で一つの処理にみえたとしても，CPU 上で 1 ステップとはかぎらないためです．複数のステップであれば排他制御が必要になってきます．理解できていないと逆に処理時間がかかってしまうことになります．

＜本書のまとめ＞

　本書では Linux のしくみやシステムコールを用いたプログラミングをざっくりと解説してきました．実際にサンプルプログラムを動かして動作を理解できていれば，研究や趣味に必要な最低限の知識は身についていると思います．興味がでてきた箇所はぜひ専門書などで調べてみてください．かなりディープな世界が待っています．また，本書の Linux の知識があれば，画像処理やデータ処理，機械学習などのアプリをインストールしたり利用したりすることもできます．本書で終わらず，むしろこれからだと思って勉強を続けてほしいと思います．

■ 章末問題 ■

11.1 プログラムの処理時間を計測できる time コマンドを用いて，thread_counter.c と thread_counter_mutex.c（Exercise 11.4）の処理時間を比較せよ．

　　▶実行方法：$ time ./thread_counter

11.2 time コマンドを用いて，thread_counter_mutex.c の生成スレッド数や mutex のロック範囲と処理時間の傾向を考察せよ．

11.3 thread_counter.c（Exercise 11.3）を参考に，1000万までの素数の数をカウントするプログラム q11-1.c を作成せよ．作成するスレッドは一つとし，元のスレッドと作成したスレッドで500万ずつ素数を判定する．
素数の判定コードの例を以下に示す．1000万までの素数の数は664579個である．

```
素数の判定（a を判定する）
for(a=N;a<N;a++) {
  i=2;
  b=sqrt(a);
  while( (a%i)!=0 && (i<=b) ){
    i++;
  }
  if(i>b) ; // 素数
  else ;    // 素数でない
}
```

▶ 索　引

著 者 略 歴

篠山　学（ささやま・まなぶ）
2002 年　徳島大学工学部知能情報工学科卒業
2008 年　徳島大学大学院工学研究科情報システム工学専攻博士後期課程
　　　　　修了
2008 年　詫間電波工業高等専門学校情報工学科助教
2009 年　香川高等専門学校情報工学科助教（改組による）
2013 年　香川高等専門学校情報工学科講師
2020 年　香川高等専門学校情報工学科准教授
　　　　　現在に至る
　　　　　工学博士

研究分野：自然言語処理，対話システム，感情と言語

編集担当　富井　晃・佐藤令菜（森北出版）
編集責任　上村紗帆（森北出版）
組　　版　ディグ
印　　刷　同
製　　本　協栄製本

システムプログラミング入門
実行しながら理解する Linux OS のしくみ　　　　　　© 篠山　学 2020

2020 年 10 月 29 日　第 1 版第 1 刷発行　　【本書の無断転載を禁ず】

著　　者　篠山　学
発 行 者　森北博巳
発 行 所　森北出版株式会社
　　　　　東京都千代田区富士見 1-4-11（〒 102-0071）
　　　　　電話 03-3265-8341／FAX 03-3264-8709
　　　　　https://www.morikita.co.jp/
　　　　　日本書籍出版協会・自然科学書協会　会員
　　　　　JCOPY ＜（一社）出版者著作権管理機構 委託出版物＞

落丁・乱丁本はお取替えいたします.

Printed in Japan／ISBN978-4-627-85551-9

MEMO

MEMO